JN093143

小学生が解いた！

東大地理

これぞ
思考力
問題

公文国際学園中等部・高等部 チーム地理 編

山川出版社

はじめに

楽しい東大地理

　小学生でも解ける東大地理の問題がある!?　実は、東京大学の地理の入試問題のうち、いくつかの設問は解答へのアプローチの仕方によっては小学生でも解答可能です。小学生のように「なぜ」と順を追って、まさに今流行（はや）りのプログラミング思考のように論理的に考えれば正解にたどりつく。それほど東大の問題は論理的思考力、展開力が重視される素晴らしい問題です。

　しかも、東大地理の問題を解くのは実に楽しい。なぜなら自分の知識をもとに想像力と創造力を駆使（くし）して未知なる問いと格闘できるからです。決して解けない問題ではありません。おそらく読者のみなさんは、東大受験の経験者はともかく、東大の問題って恐ろしく難しいものだと思っていませんか？　それはある意味正解で、ある意味間違っています。いろいろな表や図を読み取り、思考を巡らせることによって解答を導き出すという手順を踏ませるのが東大地理の王道です。その王道を極める（解く）にはしっかりとした地理的知識が必要なのは言わずもがなで、その知識がない人にはもちろん難しい問題です。しかし、問題によっては小学生でも思考可能な部分もあるのです。

　東京大学の文科一類～三類では個別学力検査（第2次学力試験）において地理歴史科として「世界史B」「日本史B」「地理B」の3科目から2科目を必須で選択し解答しなければなりません（2022年時点）。したがって単純計算で東大文系の受験生の3分の2は「地理」を受験していることになります。

主著者である私は地理の高校教員として、勤務校(公文国際学園中等部・高等部：横浜市戸塚区)で30年近くにわたって、東大受験生向けの地理の受験指導を行っていますが、そのたびに東大地理の入試問題は大変よく練られていると感嘆しています。東大地理はじっくり「考える」ことによって解答を導き出すことができる思考力重視の良問揃いなのです。昨今、東大の問題や受験方法が巷で話題となることが多いですが、それらの話題の趣旨は20年以上前から私が勤務校で東大受験生に話していたことと全く同じなのでびっくりしています。というより東大の問題を知る人の多くはみな同じことを考えていたのでしょう。

　グローバル時代になって、思考力重視が多方面で叫ばれるようになってきました。それは思考力をつけることが、混迷を深める時代の答えのない問いに対処するための非常に重要なファクターになると、誰もが認識するようになってきたからです。与えられた既存の知識だけでは現代世界の課題は解決できなくなっているのです。自分の考えを巡らせ、新たなフェーズに発展させていかなければ課題の解決には至りません。

　そのような時代を反映して近年の大学入試問題では思考力を問う設問が多くなってきました。まさに「大学入試センター試験」が「大学入学共通テスト」に変わったのが好例です。共通テストは「思考力・判断力・表現力」をこれまでより重視して評価するために設けられたといわれていますが、地理に限っていえば、以前のセンター試験の問題でも相当な思考力が必要とされており、大きく変わった印象はありませんでした。それはセ

ンター試験の地理の問題が、東大の問題のように以前から思考力を必要としていたからとみることができます。その共通テストをはじめ、思考力重視に傾く昨今の大学入試改革を経た問題などより、はるか昔からそのような問題を出題していた東大地理に敬意を表したいと思っています。そして、その礼賛をお伝えしたいと考えてペンを執った次第です。

　本書の1章では東大地理において思考力がどのような役割を果たすか、思考力の何が大切かについて説明します。2章では実際に東大地理の過去問を小学生に解いてもらった解答をもとに、問題の解説と問題を解く上での思考のプロセスについて説明します。3章ではやや思考力から離れますが、東大地理を解く上での傾向と対策を記しました。とくに共通テストとの親和性についても解説していますので受験生にも有用かと思われます。そして4章や「おわりに」では、思考力を高める方法は日常生活においても可能であることを紹介し、また今まで多くの方に暗記科目と思われてきた地理という科目が、実は多く思考力が必要な「考える」科目であり、社会生活上で十分役立ち、場合によっては命を守る可能性すらあることを提示しています。

　本書は論理的に思考することによって、東大の問題でも一部は小学生が解答できることを示しています。東大地理を通して、地理を学ぶことの意義とそれによって得られる思考力の何たるかの一端を知ってもらい、ひいては、大げさかもしれませんがグローバル化する世界での「生きる力」の指針としていただくのが目的です。

　さあ、みなさんも東大地理にチャレンジしてみてください！

はじめに 1

1章 東大地理と思考力　　6

1　思考力重視の問題 6

2　思考は知識・事実に基づいて行われる 8

3　コナンになれ —— 解答をでっちあげろ！ 12

4　想像力と創造力を鍛えよ 13

5　思考の飛躍を避ける 16

2章 小学生が解いた！ 過去問　　18

1　2017年度入試問題から 23

　コラム1　水の国「日本」を維持できるか？ 34

2　2010年度入試問題から① 36

　コラム2　絶えず流れる鶴見川のいまむかし 47

3　2010年度入試問題から② 49

4　1999年度入試問題から 57

　コラム3　防災と地理的思考力 65

5　2012年度入試問題から① 68

　コラム4　リビングの地図は嘘つき!? 77

6　2012年度入試問題から② 80

　コラム5　東京湾の干潟と開港の歴史 88

7　2010年度入試問題から③ 90

　コラム6　ゴールデンルートと日本ならではの
　　　　　　観光とは？ 100

8　2018年度入試問題から 102

9　2016年度入試問題から 111

10　1997年度入試問題から 122

3章 東大地理の傾向と対策 …… 133

   1 東大地理は易しい? …… 133
   2 東大地理の問題は繰り返される!? …… 135
   3 共通テストと東大地理 …… 140
   4 東大生のノートは美しい!? …… 147

4章 思考力を育てよう！ …… 152

   1 思考力について …… 152
   2 日常生活の中での思考体験 …… 159
   コラム7 地理教師あるある
       ── カーナビのデメリット？ …… 176
   3 地理と思考力 …… 178
   コラム8 地理教師あるある
       ── なんで北が上じゃないんだ！ …… 182

おわりに …… 184
本書に掲載した過去問の解答例 …… 187

▶なべお先生（主著者の飼猫）

本名：米山なべ♂　同じ先生でもよく
しゃべりせっかちな飼い主と違って、
「ニャー」としか鳴かない寡黙で威風
堂々とした立ち振る舞いが家族をし
て「先生」と言わしめた。飼い主は月と
スッポンほどの格の違いを自覚もせず
に、NHKで放送された「養老センセイと
まる」が如く「米山センセイとなべ」とか得意げに言いながら、自宅の机の
上に乗ってくる姿を喜んでいたが、腎臓を患い、脱稿（2022年11月8日）
直前の11月2日に亡くなる。米山センセイ、号泣。享年15歳と6カ月。

1章 東大地理と思考力

　まず、実際の東大地理の問題を見てもらう前に、東大地理において思考力がどのような役割を果たすか、思考力の何が大切か、について述べていきたいと思います。

　手っ取り早く2章から読んで、実際の東大の入試問題に触れてから、この1章に立ち返ってもよいと思います。

1．思考力重視の問題

　私は勤務校の東大受験生相手に過去問を紹介する際に、特定の問題について、「この問題は機転の利く小学生なら解けるぞ！」と授業中によく脅かしています。「機転の利く」というところがポイントで、もちろん小学生なら誰でも解けるというわけではなく、ある程度の知識をもった小学生なら解けるという意味です。要するに「しっかり考えれば解ける易しい問題だ」ということを伝えたいのです。地理の入試問題を見る限り、東大は天才だけを求めているわけではなく、むしろ既成の概念（知識）や事実（ファクトデータ）に照らし合わせて、論理的・合理的な思考プロセスが可能な人材を求めているように感じます。言い換えると天才的な「ひらめき」だけではなく、「考える」ことによって学問的な解に到達でき、そのための基礎知識を豊富に備えている努力型の人材です。

　このことは、東大自身がアドミッション・ポリシー（入学者

の受け入れ方針）として、募集要項や公式ホームページでも謳（うた）っています。「期待する学生像」として、「入学試験の得点だけを意識した、視野の狭い受験勉強のみに意を注ぐ人よりも、学校の授業の内外で、自らの興味・関心を生かして幅広く学び、その過程で見出されるに違いない諸問題を関連づける広い視野、あるいは自らの問題意識を掘り下げて追究するための深い洞察力（どうさつりょく）を真剣に獲得しようとする人」を求めている、と。また、教科別に「高等学校段階までの学習で身につけてほしいこと」の「地理歴史・公民」の項目では、「東京大学は細部にわたる知識の量ではなく、知識を関連づけて分析、思考する能力を重視します。そうした能動的で創造的な思考力は、暗記を目的とした勉強ではなく、新聞やテレビなどで報じられる現代の事象への関心や、読書によって養われる社会や歴史に対する想像力を通じて形成されます。そのため本学を志望する皆さんには以下の点を期待します」として、「総合的な知識」「知識を関連づける分析的思考力（ぶんせき）」「論理的表現力」「倫理的な問題への関心」の４点を挙げています。

　以上のような東大のアドミッション・ポリシーを見ていると本当に鳥肌（とりはだ）が立つ思いです。東大は、私たち高校の教員が本来目標とすべき人材育成の本質を非常に端的に表現し、そしてその内容は、この二十数年来、私が授業で口を酸（す）っぱくして説いていることとほぼ同じ内容だからです。東京大学は日本の最高峰の教育機関です。その教育機関が高校生に対してガリ勉（定義ははっきりしませんが、知識をただ詰め込むだけの勉強）ではダメだと言ってくれているのです。何とうれしいメッセージ

でしょう！

　東大の入試では、世間が考えているようなとんでもなく難しく、凡人にはとても解答できないような問題が出されるわけではありません。むしろ凡人であっても豊富な情報量や、それを整理整頓して知識としてため込むことができ、さらにそれらを適切な形で引き出してきて複数の事柄を考え併せることができる「まめ」な人なら、解ける問題を出しているように思います。

2. 思考は知識・事実に基づいて行われる

　いくら小学生でも解けそうな簡単な問題でもそれなりの知識をもって解かなくてはならないのは当然です。ただここでいう知識とは一般的な大人の人ならだれでも持っているような知識のことです。「機転の利く小学生」が持っている知識は一般的な大人が持っている知識と大差なく、特別で高度なものではありません。ただし、大人並みには必要とします。

　例えば、日本の人口について、都道府県単位で人口が一番多いのは東京都だということは大人なら誰でも知っているし、小学生でも高学年の生徒ならば、ほとんど全員が理解しているでしょう。では2位はどこでしょうか？　大阪府でしょうか？

　正解は神奈川県です。住民基本台帳に基づく2020年の人口統計では、1位が東京都で1,326万人、2位が神奈川県で898万人、3位が大阪府で860万人となります。大人でも間違う人が多いかもしれません。ただし、機転の利いた小学生なら知っていそうな内容です。本書が想定しているのはそのレベルの知識で

す。正しい知識が身についていて、さらに与えられたデータから事実を読み取ることによって、思考が進みます。

東　京	1,326万人
神奈川	898万人
大　阪	860万人
愛　知	730万人
埼　玉	720万人

▲住民基本台帳に基づく人口
（上位5位、2020年）

　さて、もう1つ問いを提示しましょう。人口が多ければ、その地に住んでいる人たちが利用するさまざまな施設や所有物も人口に比例して多くなるのでしょうか？　もちろん必ずしもそうではありませんね。例えば自家用車などは好例です。東京都内の道路の交通渋滞をみれば自家用車の保有台数は多そうで、統計的にもトップのようですが、実はそうではありません。一般財団法人自動車検査登録情報協会の2022年統計では、保有台数1位は東京都でも神奈川県でもなく愛知県です。さすがトヨタのお膝元、自動車王国の面目躍如といったところです。

　では、これを世帯当たりの普及台数にするとどうなるかというと、1位福井県、2位富山県、3位山形県、以下6位まで群馬県、栃木県、長野県と続きます。要するに地方の県が上位に入り、なんとワースト3が45位神奈川県、46位大阪府、47位東京都となります。

　これらの事実は地理の受験生には常識的で必須の知識です。地価の高い都市部では駐車場代金も高く、コスト面から自家用車を持ちたくても持てない層が多数存在します。それに加えて、そもそも公共交通機関が充実しているので自家用車が必要ないということもあるでしょう。さらには世帯数が多いという統計的事実も関係しています。

それに対して地方では駐車場などはほとんど問題にならず、かつ自家用車が生活の足となり欠かせない存在であることが背景にあります。1家に1台というより、1人に1台という感覚に近いのかもしれません。

　話を戻しますと、先に挙げた問いに対する思考を巡らせるためには、以上のようなもととなるような知識が必須といえます。そして、本書がテーマとしている小学生でも解けるレベルの問題に対応するには、一般的な大人が持っているレベルを基準として構わないのです。

　もちろん実際の東大地理を合格レベルまで解く力にはそれ以上の知識を必要としますが、その内容は先ほどのレベルに少し＋αすればよいだけです。世の中の政治や経済を含めて社会全体について「よく知っている」レベルで十分です。このレベルはとくに専門書を読みあさる必要などなく、新聞を読む程度で得られる知識です。

　最近、新聞を読まない層が増えているようです。私も学校の授業で「家庭で新聞を取っている人は？」と尋ねると、クラスで3〜4割程度しか手が上がりません。10年くらい前にも同じ質問をしていますが、その時は7割程度でした。この質問は定期的ではありませんが、頻繁にしています。確実に毎回手が上がる生徒が減っているのが現実です。大人も含めて、新聞を取っていない人に普段の情報源を尋ねると、たいていはネットニュースで得ているという回答です。ご承知の通り、個人所有のデバイスで閲覧するネットニュースはパーソナライズされており、自分に都合のいい内容と思われることばかり閲覧してし

まいます。当然それでは幅広い知識が身につくはずがありません。

　生徒に地名を覚える必然性についてよくする話があります。もちろん地理を勉強する上で地名をしっかり覚えるのは基本ですが、例えば、世界にある約200の独立国のうち、あまり日本人には馴染みのない国の首都について尋ねても、ほとんどの生徒は答えられないでしょうが、何名かの生徒は手を挙げて正解を口にできます。そのような国の首都名でも暗記しているのですから、その生徒には称賛の目が向けられます。もちろん大人の方でも正解できる人はいるかもしれませんが、ただ大人の場合、その時の周りの反応は称賛の目と奇抜なものを見る目が相まって微妙なものなのではないでしょうか。それでは、アメリカ合衆国やイギリス、フランスの首都についてはどうでしょうか？　一般の社会人がアメリカの首都を「知らない」と答えたり、「ニューヨーク」と答えたら、やはりマズいと思います。ですから、「仮に日本人にとって馴染みのない国の首都を言えなくても、生きていく上で困らないかもしれない。しかし、アメリカ合衆国の首都を知らないと困ることが多いと思うよ」と生徒には言っています。

　東大の入試で必要な知識も似ています。「何も知らない」と「高度な専門的な知識がある」の中間的な知識が、実は大いに必要だということなのです。そして、それを手っ取り早く獲得できるのが、新聞を欠かさずに読むことだと考えています。新聞を読むことで、バランスよく政治・経済・文化を含む社会全体についての幅広い知識が身につくのです。もちろん新聞だけが

知識が身につく情報源ではありませんが、ぜひ何らかの形で知識を吸収して欲しいと思います。バランスのよい知識があることによって、未知の事実と向き合った時に、そこから発展させた何かを得ることができる。ですから、東大地理のための思考のプロセスにはそのような知識が必須だと考えています。

3. コナンになれ──解答をでっちあげろ！

　私が東大受験生に対してよく使うフレーズに「想像と創造をもって設問に当たれ」というものがあります。実はこれとともに「解答をでっちあげろ」とも言っています。どちらかというと、後者の方が多いかもしれません。「でっちあげ」の意味は捏造することですから、正確な使い方ではないかもしれませんが、言いやすくて多用してしまっています。しかし、受験生に伝えたいことは同じです。まったく聞いたことがない、知らない事項について、「おそらくこのことだろう」と「想像」し、だとしたら解答はこうだと「創造」するのです。このことを手っ取り早く「でっちあげ」といっているのです。東大の出題は、生徒にとって既習事項でない場合も多々あります。いわゆる初見・初耳、「そんなの聞いてない」という問題です。だからといって、受験生はその問題を放り投げるわけにはいきません。個人的にはそのような問題を解くのが東大地理の醍醐味だとも思っています。一見初見のような設問でも、実は既習事項のパターンに当てはめることができて、解答を類推して導き出せるという問題が実に多いのです。ですから、私は生徒たちにこんなことも

言っています。「コナンになれ！」と。

　みなさんご存じの名探偵コナンは「あれれー？」とわざと大きな声で叫んで、大人たちに事件解決の手掛かりに注目させます。そして、コナン自身もその手掛かりをもとに推理を進めるのです。ですから、東大地理の問題を解くことは、ある意味推理小説の犯人当てのプロセスと似通っていると言ってもいいかもしれません。授業中にいきなり「あれれー？」とコナンの真似をして生徒を引きつけながら、問題のヒントを与えるのは私のよく使う手です。もっとも、還暦過ぎのオヤジ教師がそんな真似をしても、むしろ引かれるのは分かっているのですが……。

　話を戻しますと、「こんなの知らない」という設問に出会った時はまずは想像力の出番です。想像をもって思考を巡らせて、「この問題で言っている内容は実は既習のあのことと同じなのではないか？」というところまでもっていければ、しめたものです。あとは創造力で解答らしく文章を「でっちあげる」のです。「AはBだった」という知識が存在し、「A≒C」という想像ができれば、Bの部分に相当するDの存在を突き止めて、「CはDのはず」という創造が可能だということです。本書ではこの「想像と創造」を用いる問題を豊富に紹介したいと思います。

4．想像力と創造力を鍛えよ！

　ところで、そのような想像力と創造力はどのように鍛えればよいのでしょうか？　我々は普段何気なく暮らしていると、どうしてもその生活スタイルが受け身になりがちです。変革を望

まなければ、今のままで平穏に暮らせるからです。しかし、世の中にはあえて困難に立ち向かったり、チャレンジしたりする人たちもたくさんいます。その人たちを突き動かしている原動力は何でしょうか？　私は好奇心ではないかと思っています。「知りたい、見てみたい、行ってみたい、体験してみたい」。そのような好奇心を前に想像力が働き、そして創造力をもって自分のチャレンジをシミュレーションして成功へと導いているのだと思います。しかし、好奇心を持つことは別に大きなチャレンジをしなくても可能です。仮に受け身の生活だったとしても、ほんの少し視点を変えて生活するだけで、そこには新鮮な発見があるでしょうし、それによって生まれる「なぜ」という疑問が知識へと結びついていくはずです。

　少し前に「東海道新幹線のＥ席に座る子は賢い」などという言説が流行りました。東京から新大阪方面への下りの新幹線では、進行方向に向かって左の窓側からＡ〜Ｃ席が３つ並んでおり、通路を挟んでＤ席と一番右の窓側にＥ席の２席が配置されています。いわゆる３−２の配列です。確かに通路側のＣ席やＤ席に座って車中でゲームばかりしているのと、Ａ席やＥ席に座って外を眺めているのでは、あきらかに学びの量が違います。それは新幹線でなくとも同じことです。私は授業でも常に「考える」ことの重要性を説いていますが、その時に言うのが「通

▲新幹線の座席

学途中の電車内でゲームをやったり漫画を読んだりするのも構わないが、たまには窓の外の景色にも目を向けてみなさい」ということです。

　首都圏に位置する、私の勤務校である公文国際学園中等部・高等部の生徒が、通学電車内から見る景色とはどのようなものでしょうか？　住宅街が広がっていたり、道路が並行して走っていたり、または商店や工場があったりするのが分かるはずです。好奇心のある生徒にとっては、もうそれだけでワンダーランドです。住宅街でも新旧の家が混在していたり、マンションが建っていたりすれば、時代の変遷とそれ以前の土地利用について想像を巡らすことができるし、並行して走る道路の混み具合が前日と変化していれば、当然「なぜ」と疑問が湧きます。ひょとすると、近くで事故があったのかもしれないし、さらに政治的な出来事さえ関係しているかもしれないのです。

　事実、海外からの要人が移動する際には交通渋滞はつきものですね。都内ならともかく、それが都心から離れた場所なら、国際的な要人が訪れるような重要施設の存在を意識せざるを得なくなり、「何があるんだろう？」と疑問は膨らむばかりです。車窓から見える看板で、場所に不釣り合いな商店が建っていれば、やはり「なぜこの立地に」と疑問が湧くでしょう。そしてそれらの理由を想像と創造で「考える」のです。もちろんすぐに解決する疑問もあるかもしれませんが、すぐには分からず帰宅して、色々と調べることによって解決する場合もあるでしょう。そして、それらの行為こそが、学びや知識となっていくのです。

　東大地理の問題は車窓から見える景色と一緒です。街や道

路、商業施設や工場、山や川や畑、そしてそれらの場所に居合わせる人々や車なども含めて「なぜ」に満ちており、目に見えるもの全てが東大地理の無言の設問になり得るのです。

5．思考の飛躍を避ける

　繰り返しますが、本書で取り上げる東大地理の例題は、「機転の利く小学生」なら解けそうなものばかりです。そして、それを解答するためのプロセス（思考のプロセス）を1つ1つ順を追って解説しています。これは思考の飛躍を防ぐためでもあります。一般的には論理の飛躍と言われることですが、ここではあえて思考の飛躍と表現します。

　大人は分かりきっていることを「当たり前」として思考を飛躍させることが多々あります。例えば、大人に「なぜこの場所にコンビニエンスストアが立っているのでしょうか？」と質問すると、たいていの人は「この場所が儲かるから」とか、「ここだと売れるから」といったように答えるでしょう。利潤追求のチェーン店の場合は、この答えはおおよそ間違っていませんが、思考が飛躍しています。説明不足と言い換えられそうですが、おそらく解答者は意図的に説明しなかったわけではないと思われます。むしろなぜ儲かるのか、なぜ売れるのかということを説明しなくてはならないという意識などなく、とっさにそう答えたのでしょう。結果的に大事な説明部分を飛び越えて解答してしまった。そして、その説明部分こそが東大地理の解答の一部になり得る内容です。ここでは、「駅に近くて人々の往来が多

い立地だから」や「交通量の多い幹線道路沿いで車での利用者が多く見込める場所だから」などの理由を挟（はさ）まなくてはならないのです。

　大人はそのようなことは分かりきっているので、その説明を省（はぶ）いて解答してしまいがちで、思考の飛躍に気づいていません。それでは東大地理の解答としては不足ですが、実は受験生も同じ過ちを犯しがちです。大人と同じ考えに立って解答を考えてしまいます。先程のコンビニの問いでは仮に配点が２点だとすると、大人の解答ではおそらく１点止まりです。ですから、小学生の気分で「なぜ」そうなるのかを１つ１つしっかり吟（ぎん）味（み）することが重要です。この問いでは「じゃあ、なぜこの場所は儲かるの？」「なぜ売れるの？」と再度問いかけることになります。本書ではこのように思考の順を追ってしつこいくらいに「なぜ」をくりかえしますので、ややもすると大人にとっては、随分まどろっこしく感じるかもしれませんが、ここはあくまで小学生に気持ちになって思考を一歩一歩確実に進めるように読み進めてください。

　「思考力重視」の大学入試改革によって東大入試のような記述型の設問が増えているといわれています。まさに本書では、機転の利く小学生なら解けそうな、実際の思考力重視の東大入試の地理の問題を紹介します。それがどの程度のものなのか、またいかに東大地理を解答する際に「考える」ことが重要であるかを明らかにしていきます。さらに東大地理の受験生のみならず、大人の方でも「思考力」によって東大地理の問題が解ける事実を提示することができればうれしい限りです。

2章 小学生が解いた！過去問

「緑のダム」「白いダム」

　「緑のダム」とは何のことでしょう？　また「白いダム」とは？ これは2010年の東大入試の地理の第1問で出題された問題の骨子です。そして、近年の東大地理の中で私が一番好きな問題です。もちろん本当の問題はもっと長い説明文があり、さらに図表を読み取ってから答える形式なので、こんなに単純な問いではありませんが、本質的には「緑や白のダムについて知っているか？」という問題です（詳しくはp.36以降で扱っています）。

　それにしても、この緑や白に色づいたダムのことをイメージするだけで、いったい何のことだろうとワクワクしませんか？ これが東大の問題であるという時点で、うれしささえ感じます。それは、このような問題を解くために思い切り想像の翼を広げ、さらに創造の限りを尽くして思考を巡らして解答を導き出すという機会を、この問題が与えてくれるからです。

　ダムの存在を知っている小学生なら、おそらく最初はその色をコンクリートなどの灰色と想像することでしょう。でも「緑のダム」や「白いダム」もあるよ、とこの問題は問いかけます。では、「緑」や「白」とは一体どういうことでしょう？　小学生ならわずか10年前後の人生経験を踏まえてきっといろいろな思いを巡らすことでしょう。そして、頭に思いつくままに素直な気持ちで答えてくれそうです。いろいろな解答が出てきそうです

が、ひょっとしたら正解を口にする子もいるかもしれません。実は小学生でも東大地理の問題は解けるのです。この問題に対する小学生のような興味津々のワクワク感が東大地理の神髄を表わしているような気がしてなりません。

　もちろん、コンクリートでできた「緑」や「白」に塗られたダムが本当にあるわけではありません。ここではまず、緑色や白色をしたダムのようなものの存在を想像してもらいます。そう、まさしく想像力と創造力を駆使して考えてほしい問題なのです。結局、「緑」や「白」のダムって何のことかということが分かれば、この問題は解けたも同然です。

　ここに10題の小学生でも解けそうな東大地理の問題を集めました。先ほどのダムの問題も含まれています。とはいえ、原文をそのまま出題しているわけではありません。小学生には難しい表現や、そもそも出題の前提が理解できないような問題は、その前提について解説を加えるなどして、問題文を改変して出題しています。ただしその場合でも、東大が問う、その問題の本質的な部分を侵さないようにしているのはもちろんです。

　さあ、ぜひ読者のみなさんもこの10題にチャレンジしてみてください！

東大地理入試問題チャレンジ会

　今回、公文教育研究会の特別許可を取得し、2022年5月末にとある公文式教室にご協力いただいて、教室の生徒さんのうち希望者18名の小学生（5〜6年生）に「東大地理入試問題チャレ

ンジ会」と称して集まってもらい、問題を解いてもらいました。内訳は 5 年生が 8 名、6 年生が10名で、全員が一般の公立小学校に通っています。

公文式とは算数・数学、英語、国語、すなわち「読み・書き、計算、英語力」の基礎学力を自学自習形式のスモールステップで個人別・学力別に伸ばしていく学習法で、2022年 3 月現在、日本には約15,600の教室が存在し、約134万人の生徒が学習しています（公文教育研究会ホームページより）。また 公文式教室ではいわゆる私立中学難関校受験合格を目指す「特進コース」のようなクラスは存在していませんし、公文式自体が先述のように基礎学力を個人別・学力別に伸ばす学習方法ですから、今回集まってくれた小学生は特別な受験対策を学んでいるような集団ではなかったことを申し添えておきます。

今回は本来の入試問題を改変して10題も出題しているので、所要時間の想定が難しく、とりあえず制限時間は設けずに開始しました。結局、1 番早い生徒で35分ほど、遅い生徒でも約50分間で解き終わりました。

「小学生でも解ける！」問題のみを抽出したつもりでしたが、実際には苦戦していた小学生が多かったようです。それでも、半数以上の子が10題のうちの何らかの問題で点を得られる解答を寄せており、その中には小学生でもここまで理解できるのかと驚くような解答もありました。

なお、集まっていただいた小学生のみなさんには、開催の趣旨を説明し、保護者の方の同意を得ていることを明記しておきます。

▲東大地理入試問題を解く公文式教室の小学生

本章を読むに当たって

　本章では、問題が「解ける」という語を「満点を取る」（完璧に正解する）という意味で使用していません。東大地理は論述問題が主体ですから、配点には部分点があると思われます。東大は配点や部分点の概要を公表していませんが、例えば満点が５点であったとして、その問題に対して「正解５点」もしくは「不正解０点」のどちらかしかないという採点は常識的に考えられません。仮に部分点を１点でも取れれば、それは東大の問題が一部分でも解けたことになりますので、本章ではこの意味で「解ける」という表現を用います。なお、採点については主著者である私の基準で判断していることをあらかじめお伝えしておきます。

　また、リアリティを感じていただくために、小学生の解答文例はそのままの筆跡で載せています。

さらに「思考のフル回転」という表現を随所に使用していますが、これは思考のプロセスにおいての分水嶺、言い換えれば、その地点を乗り越えれば違った景色が見えてくるはずの山場・峠であることを指しています。「考えに考える」ことによって、新たな気づきが得られればしめたものです。

　東京大学の地理試験の満点は60点です。例年、合格者の平均点は40点前後と推測されています。もちろん、他教科の得点にもよりますが、半分以上とれれば十分合格圏内です。一般の受験生が30数点程度でも合格できる中で、小学生が数点でも取れる意義は小さくないと感じます。

　本書に載せた10題の問題は、それぞれ「①実際の入試問題」→「②問題の概要」→「③実際の小学生への問題と解答」→「思考・想像の手順をチャートでおさらいしましょう」の順で紹介しています。②で問題の解説をしているので、ノーヒントで解きたい場合は、読み進めないようにしてください。

　なお、各問題の解答例は巻末にまとめていますのでご覧ください（→p.187～）。

それでは、問題を見てみましょう。

①実際の入試問題(波線が小学生に提示した問題)

世界の水資源と環境問題に関する以下の設問に答えなさい。

設問

表1−1は、各国の水資源の状況を示している。この表で、年降水総量は年平均降水量に国土面積を乗じたもの、水資源量はそれぞれの国内で利用することができる再生可能な水資源の量(表層水と浅層地下水の合計)、水使用量は実際に使用された水の量を示している。この表を見て、以下の問いに答えなさい。

(1) ア〜エは、オーストラリア、カナダ、クウェート、マレーシアのいずれかである。それぞれの国名を、ア−○のように答えなさい。

(2) エジプトでは、水資源量が年降水総量を上回っている。このような現象が起こる理由を1行で述べなさい。

(3) エチオピアとエジプトの間には水資源をめぐる対立が続いている。そうした対立には、エチオピアの水資源の特徴が背景となっている。そうしたエチオピアの水資源の特徴を自然と社会の両面から2行以内で述べなさい。

(4) 日本のような国では、この表に示されている水使用量より
も多くの水資源を間接的に利用しているのではないかという
指摘がある。それはどのような考え方か。以下の語句をすべ
て使用して、2行以内で述べなさい。語句は繰り返し用いて
もよいが、使用した箇所には下線を引くこと。

自給率　　　穀物　　　家畜

▼表1-1

国	年平均降水量(m/年)	年降水総量(10億㎥/年)	水資源量(10億㎥/年)	1人あたり水資源量(㎥/年)	1人あたり水使用量(㎥/年)
ア	534	4,134	492	20,527	824
イ	537	5,362	2,902	80,746	1,113
ウ	2,875	951	580	19,122	419
日本	1,668	630	430	3,397	641
エチオピア	848	936	122	1,227	79
エジプト	51	51	58	637	911
エ	121	2	0	5	447

FAO：AQUASTAT(2016)による。年次は国により異なる。

(東京大学　2017年度・第2問・設問A)

②問題の概要

　ここでは(4)の問題を取り上げます。これは冒頭のリード文に
もあるように、水資源と環境についての問題です。環境問題は
重要な高校地理の一単元で、学習指導要領でも地球環境問題を
扱うことが謳われています。ですから、東大の問題としてこの
種の問題が出題されても何の不思議もないし、むしろ東大は環
境についての問題を頻出させます。(1)～(3)の問題は小学生には

手ごわいと思われます。とくに(2)(3)については、エジプトやエチオピアという個々の国々の課題が知識として無ければ解答に近づくのは難しいでしょう。ただし、地理の受験生にとっては難問ではありません。エジプトやエチオピアの水事情については模擬試験などでも盛んに取り上げられており、ある種定番化された設問だからです。しかし、これらの問題とて仮に知識がなかったとして論理的な思考で解くことが全く不可能なわけではありません。ただし、そのプロセスについては基礎知識に乏しい小学生にはさすがに難し過ぎ、この本の趣旨に反するのでここでは取り上げません。そこでこの問題ですが、種明かしをしてしまうと、この問題はいわゆる仮想水（バーチャルウォーター）に関する設問です。私たちが「水」と認識して使う直接的な資源はもちろん目に見えるものであって、飲料水をはじめとして、農業用水や工業用水などさまざまな分野で使用されています。日本の年平均降水量は問題文の**表1－1**に示されるように約1,700mmで、欧米諸国の約600〜700mm、中東諸国の約100〜300mmに比較しても多くの雨が降ることになります（このこと自体は、地理を学んでいる受験生なら常識レベルですが、今回の問題(4)を解くのにはあえて必要な知識ではないとしておきます）。ちなみに、**ア**がオーストラリア、**イ**がカナダ、**ウ**がマレーシア、**エ**がクウェートです。中東地域の砂漠の光景が目に浮かぶ人は多いと思うので、日本がそれより雨が多く降るというのは、感覚的に分かっていると思いますが、実は日本はヨーロッパ諸国よりも圧倒的に多く雨が降っているのです。ロンドンの年平均降水量はわずか約600ミリで、東京より格段に少ない降

水量です。日本が「水の国」ともいわれる所以はそこにあります（p.34コラム参照）。もちろん自然が相手ですから、年によっては少雨で水不足に陥ることもあり得ますし、日本国内であっても地域差があって、比較的雨が少ない地方もあります（それこそ国内各地域の気候の違いは小学校社会科の必修事項です）。地下水が豊富に湧き、水道代がかからないという地域も存在します。実際、現代の私たち日本人の中には日頃から「水に困っている」と考えている人は少ないのではないでしょうか。というより、なんの疑いもなく蛇口をひねれば水が出てくると、それが当たり前だと思っている人が多いと思われます。

　東大の問題は、私たち日本人の「水」に対する感覚の鈍いところをガツンと突いてきました。仮想水という考え方は、1990年代にロンドン大学の教授によって提唱されたもので、われわれは目に見える直接的な「水」だけを利用しているのではなく、「水」によって成り立っているさまざまな産業物資を介して間接的により多くの「水」を利用していることになるという考え方です。問題文では「それはどのような考え方か」と問われているので、概念だけを記せばいいように感じますが、「家畜」という指定語句があるので、ある程度具体的に示す必要があるでしょう。

　まず、この問題(4)は本質的な部分に注目すると次のように書き換えるとことができます。

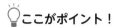 **ここがポイント！**

> 「日本ではどのようなかたちで間接的に『水』を使用しているでしょうか？」

　小学生でも高学年生であれば、水の直接的利用法はほとんど誰でも答えることができるはずです。「農作物に」「飲み水に」などという解答が出てくるのは容易に想像できるでしょう。「お水は何に使われるかな？」と問えば、幼稚園児でも「飲むため」「お花にあげるため」などと答えられるでしょう。しかし、この問題を解くには思考を一歩先へ進めなければなりません。ここから先はさすがに幼稚園児では無理かと思いますが、例の「機転の利く小学生」ならどうでしょう。「確かに直接的な使用方法では飲み水や農作物に使用するけど、間接的には何に使っていると思う？」という問いかけです。ここで頭をフル回転させてほしいと思います。直接的＝「飲み水」「農作物」→間接的＝「？」として連想していく。「飲み水」や「農作物、例えば田んぼの水」＝「それらの水は目に見えている」。じゃあ間接的＝「目に見えていない」。といったように思考が進めば解答に近づきます。それでは、私たちの目に触れずに使われている水というのは、何があるでしょうか？

　ここで３つの指定語句があることに注目します。その中に「家畜」という語が含まれています。この語句は単純な物質名詞ですから、これが間接水の一例を示すものであると気がつけば、しめたものです。要するに、この問題は先の言い換えた問題文に追加して、「『家畜』を例に考えてみましょう」という一文を追

27

加してみればより考えやすくなります。

　ここまでくれば、ゴールは間近です。「家畜」が間接的に水を使用するというのはどういうことか？　これを、「家畜」によって間接的に水を使用している、とさらに置き換えます。私たちは家畜である牛や豚の肉を食べますが、その肉類はすべて日本国内で生産されたものでしょうか？　スーパーの精肉コーナーに行けば、いろいろな種類の肉類が販売されています。そして、その肉類には必ず「国産」とか「オーストラリア産」「アメリカ産」などの表記があるはずです。しかも国産牛の場合は、牛の個体識別情報を調べることができる牛個体識別制度（トレーサビリティ制度）によって生産者までしっかり管理されています。牛肉の場合だと、国内供給量全体の約67%（2017年）が輸入牛肉です。ですから、牛や豚が水を必要としていれば、輸入された牛や豚を食べる私たちは間接的に水を得ていることになります。では、牛や豚が必要とする水とは何でしょうか？　もちろん生き物ですから、牛や豚も飲み水が必要ですし、それとともに食べなくては生きていけません。牛や豚は餌を食べますが、それは何からできているのでしょうか？　大人なら常識的に知っていることだと思われますが、小学生には難しいかもしれません。ただし、ここでも機転の利く小学生ならすぐに分かると思われます。餌（＝飼料）はもちろん動物によって食べる種類は違いますが、家畜ではおもにトウモロコシや麦類から作られる飼料が重要になります。ということで、やっと解答にたどりつきました。要するに、私たちが利用している（肉を食べたり乳を飲んだりする）家畜に関係した間接水とは、家畜そのものが飲

んだり、家畜の食べる餌の元であるトウモロコシや麦類を育てるときに必要な水ということになります。ですから、牛や豚の肉や乳製品が輸入されれば、自国の水資源は消費されずに、それらの肉や乳製品が生産された国の水を間接的に利用しているという考え方が間接水（これを仮想水という）になるわけです。

③実際の小学生への問題と解答

　小学生への実際の問題は以下の通りです。ほぼ東大の問題文をそのまま使用していますが、小学生に分かりやすい言葉遣いを心がけました。また指定語句のうち問題のレベルが上がってしまうと判断し、「自給率」は指定から外しました。

　日本のような国では、**表1－1**に示されている水使用量よりも多くの水資源を間接的に利用しているのではないかといわれています。日本ではどのようなかたちで間接的に水を使用しているでしょうか。次のヒントの語句を使って考えて書いてください。

　　ヒント：　穀物　　　家畜

（2017年度・改）

●小学生にも可能と思われる解答文（下線部は指定語句）

　日本は輸入している<u>家畜</u>の飲み水やえさとなる<u>穀物</u>を育てるための水も間接的に使っているということ。

●この解答の得点

この問題の予想配点は3〜4点です。この解答文だと、3つの指定語句のうち「自給率」を使用していないので、もちろん満点は叶いませんが、2つの指定語句をほぼ意味ある形で使用できています。したがって、3点配点の場合でも1点は得点できるでしょう。4点配点の場合はひょっとすると2点得点できるかもしれません。個人的には東大地理の採点は比較的「甘め」と踏んでいるので、ここは4点中2点としてもいいかもしれません。いずれにせよ、東大地理が「解けた」ことになります。

●実際の小学生の解答

穀物や家畜に水をまげているという形で
間接的に水を使用している。

残念！ X

この小学生の解答は、2つの指定語句を使うという条件の下ではほぼ意を得た解答です。ただし、この問題の出題意図としては、日本が牛肉などを輸入する際に、その牛などを育てるための水を間接的に使用していることを理解しているかが問われているので、それに触れられていなければ、本来、点はあげられません。0点か1点あげられるかどうかというところだと思われます。

米などの穀物や家畜に水を多く与え、それを人が食べるといったかたちで水を間接的に使用しているのではないだろうか。

残念！ X

　次の小学生の解答も前の小学生と同じで、日本がそれらの穀物や家畜を実際に輸入しているため、表にある水使用量より多いのではないかといわれているわけですから、やはり1点あげられるかどうかといったところでしょうか。「人が食べる」という点に注目してくれていますが、この部分は問題の主旨とは無関係なので配点はありません。

　　　🐟　　　🐟　　　🐟

　この問題は「日本では」という点がポイントで、やはり食料を輸入していることに触れなければ、点は与えられないでしょう。この2人の小学生は惜しいところまでいっていますが、そのほかの解答では1人も点を得られませんでした。小学生には少々難しい問題でした。

④思考・想像の手順をチャートでおさらいしましょう

❶「日本のような国では、この表に示されている水使用量よりも多くの水資源を間接的に利用しているのではないかという指摘がある。それはどのような考え方か（以下、表略）」

↓ 言い換え

2 「日本ではどのようなかたちで間接的に『水』を使用しているでしょうか」

↓ 逆から考える（間接に対して直接とは何なのか考える）

3 「間接的」な使用について考える前に「直接的」な使用方法を考える

↓ 具体化

4 「人が飲む」「お花にあげる」などが挙がる

↓ ヒントを探す（この場合は指定語句）

5 元に戻して「間接的」の意味を指定語句「家畜」というヒントを元に考える

↓ 思考フル回転

6 「家畜」である牛や豚も水を必要としている

↓ 知識

7 日本では牛肉や豚肉を輸入している

↓ 知識

8 輸入元で牛や豚の飼料を育てるのにも水が必要

↓ 知識

9 牛や豚の飼料はトウモロコシや麦類である

↓ 結論

10 牛や豚が食べる飼料を育てるための水も間接的に輸入している

この問題では、**5**から**6**に至る思考をフル回転させる部分が最大ポイントです。ここさえ発想できれば、あとは最後の解答まで簡単にたどり着けるでしょう。ただし、ほかにも多少の山場はあります。**6**から**7**への部分は知識が必要です。大人なら誰でも知っているような知識で、小学生でも知っている子がいると思ったのですが、今回はこの部分に気がついた人は１人もいませんでした。もちろん知っていたけれど、解答文に書かなかっただけかもしれません。もう１つの山場は**8**から**9**への部分で、ここでも家畜の飼料の中身を知識として知っていなくてはなりません。ただ、これも多くの大人や機転の利いた小学生なら知っている内容でしょう。

　当然、仮想水という言葉を知っていれば、この問題は全く難しくはありません。機転の利いた小学生がこの用語を知っているかどうかわかりませんが、以上のような思考のプロセスをたどれば、決して難しい問題ではないことがお分かりいただけたと思います。

水の国「日本」を維持できるか？

~齋藤亮次（執筆協力）

　蛇口（じゃぐち）をひねれば水が出て、飲食店では水がタダで提供される日本では、水のありがたみを感じている人は多くないでしょう。p.24の表1-1にもある通り、モンスーンアジアに位置する日本は年間約1,700ミリほどの降水量があり、「資源がない」と言いつつも豊かな水資源に恵まれた世界でも数少ない国です。「島国」であるがゆえに、水資源を他国と争う必要がなかったことも幸いしました。そもそも、水道水が安全に飲める国がいくつあるのでしょうか？　諸説ありますが、2018年の国土交通省の調査によると、国土全体で安全に水が飲めるのは、わずか9カ国と2都市しかないともいわれています。筆者は海外100都市以上をめぐってきましたが、街中の水道で喉を潤すことができたのはアルプスの雪解け水に恵まれたオーストリアのウィーンしか記憶にありません。

　日本は、水資源が豊かなだけでなく、安定して水を管理しているインフラも全国津々浦々まで行き届いています。例えば、日本列島全体に設置された水道管の全長は、なんと地球18周分の72万kmにも達します。普及率は98.1%（2020年度）と世界的にみても高水準です。

　ちなみに、日本で初めて近代水道が創設されたのは、横浜です。江戸末期まではわずか100戸ほどの漁村でしたが、開港によって人口が急増しました。また、横浜を含めて外国船を受け

入れた港を中心に、コレラが蔓延しました。調査の結果、汚染された井戸とコレラとの関係が明らかになり、安全な水の供給が急務となりました。さらに横浜は海を埋め立てて拡張した都市だったため、井戸を掘っても塩分を含んだ水が出るばかりで、水の確保は死活問題だったのです。そこで、1887（明治20）年イギリス人技師パーマー氏の指導のもとで近代水道が創設されました。なお、上水道だけでなく下水道も横浜が日本初です。下水道も同じく明治時代にイギリス人技師ブラントン氏によって関内の外国人居留地（現在の山下町・日本大通りの一部）に整備されました。下水道が設置されるまで生活排水は道の横を流れ、汚物があふれ出ることもしばしばでした。横浜から始まった日本の上下水道は、近代化の1つのシンボルだったのです。

　一方、2021年10月7日夜に首都圏を襲った最大震度5強の地震によって、千葉県市原市の水管橋から水が噴き出すなど、いくつかの地域で水道が損傷しました。現在利用されている水道管は高度経済成長期の1960〜70年代に急速に普及したもので、耐用年数を超えた水道管は約13万kmにも及びます。しかし、人口減少による水道事業の財政難はすでに表面化しており、2001年度は1.54％だった水道管の年間更新率は、2018年度には0.68％と低下しているのが実態です。今後、さらなる人口減少によって、国内の水道使用量は50年後には約40％減少するとの予測もあります。水道を事業として持続していくためにも、内需だけでなく海外への技術輸出なども含めた経営の多角化が求められています。

2．2010年度入試問題から①

①実際の入試問題（波線が小学生に提示した問題）

　世界と日本のダムと環境に関連する以下の問(1)〜(5)に答えなさい。

(1)　ザンベジ川のカリバダムと、エニセイ川のクラスノヤルスクダムは、いずれも世界有数の貯水量を有するダムである。これらのダムは異なる気候帯に属している。これら2つのダムの目的の違いを、気候に関連づけて、2行以内で述べなさい。

(2)　ダムには水だけでなく、上流域で侵食によって生じた土砂が、流れ込んで堆積する。次ページの**図2−1**は、その量をもとにダムの流域の侵食速度を推定し、その分布を示したものである。中部地方には特に侵食速度の大きなダムが集中し、四国地方にも侵食速度の比較的大きなダムがみられるが、中国地方には侵食速度の小さなダムが多い。このような地域差が生じた要因として、考えられることを、2行以内で述べなさい。

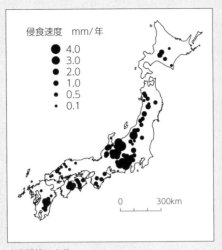

侵食速度 mm/年

● 4.0
● 3.0
● 2.0
● 1.0
・ 0.5
・ 0.1

0　　　300km

大森博雄による。

▲図2－1

(3)　ダムに土砂が堆積することによって生じる問題を、下記の
語句を全部用いて、3行以内で説明しなさい。語句は繰り返
し用いてもよいが、使用した箇所には下線を引くこと。

　　　　海岸　　　　洪水　　　　水資源

(4)　図2－2は、流域の面積や地形は同様だが、土地利用が異
なる3つの河川A～Cにおける、降雨開始後の流出量（河川流
量の通常からの増加量）の変化を、模式的に表したものであ
る。A～Cの流域の主要な土地利用は、森林、水田、裸地のい
ずれかである。流域の土地利用が森林である河川は、A～C
のいずれであるかを答え、続けて、この図をもとに森林が「緑
のダム」と呼ばれる理由を3行以内で述べなさい。

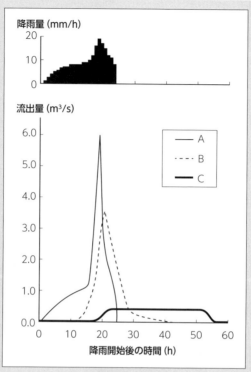

降雨量 (mm/h)

流出量 (m³/s)

降雨開始後の時間 (h)

▲図2−2

(5)　日本の日本海側の積雪や、ヨーロッパアルプス・ヒマラ
　　ヤ・ロッキーなど世界各地に広がる氷河は、「白いダム」とも
　　呼ばれる。「白いダム」は、(4)でとりあげた「緑のダム」と比較
　　して、どのような役割があると考えられるか、下記の語句を
　　全部用いて、3行以内で説明しなさい。語句は繰り返し用い
　　てもよいが、使用した箇所には下線を引くこと。

　　　　　季節　　　流出　　　渇水

（東京大学　2010年度・第1問）

②問題の概要

　これは世界と日本のダムと自然環境についての問題です。ダムは川をせき止めて水をためることによって成り立ちますが、その位置する気候や地形などによってさまざまな特徴や役割があります。(1)は気候と、(2)は地形との関連づけで出題されています。(3)は環境問題と関連づけられています。いずれも受験生なら答えられなければならない問題ですが、小学生にはやや難しい問題です。今回はこの2節と次の3節で(4)・(5)を連続して取り上げますが、ここではまず(4)の問題を取り上げます。

　近年、ゲリラ豪雨と呼ばれる集中豪雨がよくニュースになっています。これは非常に短時間で狭い地域に集中して強い雨が降ることですが、ニュースなどでよくセットで伝えられるのが、浸水の被害です。どうして短時間（30分～1時間ほど）しか雨が降らないのに、浸水の被害が生じるのかを考えることで、この問題の解答に近づきます。まず、この問題では流域の地域の土地利用について伝えています。森林、水田、裸地の3種類です。なぜこの3種の地域で川の水量の増加量に違いが見られるのでしょうか？

　裸地の意味が解らないとこの問題は解けないので、小学生向けの設問では「植物が何も生えていない場所」と言い換えています。当然、この3地域の差から考えることになります。今どきの小学生は、水田といわれてもパッとその光景がイメージできないかもしれません。とくに都市部に住んでいたりすれば、まず水田を見かけることはなくなりました。ただ、そのような

小学生でも学校の社会の教科書などで水田の写真を見る機会はたくさんあると思われますので、水田がどのようなものか分からないということはまれでしょう。

　さて、3地域の差ですが、当然、植生に注目します。植生といってもそんな大げさなものではありません。どんな植物が生えているかということです。森林にはさまざまな種類の木が生えていますね。日本の場合はシイ・カシなどの常緑広葉樹やブナ・ナラなどの落葉広葉樹、スギ・ヒノキなどの針葉樹に覆われています。そして、水田に植えられているのは、もちろん稲です。裸地は先ほど言い換えたように、何も生えていない場所です。森林では地面に降った雨は地中に浸み込みます。そして、その水はどこに行くのでしょうか？　この問題を考えることは「水のゆくえ」を考えることと一緒です。地上に降った雨は約30％が地中に浸透し、約60％が蒸発し、その残りが地表を伝って流れゆくとされています。しかし、地中に浸透した水も、最終的には海へと流れ出ます。例えば、富士山付近に降った雨は、数カ月から場合によっては数十年かけて地表に湧き出るといわれています。そのプロセスで豊富なミネラルなどを含み、おいしい水となってペットボトルなどに詰められ、販売されているのです。さあ、解答が見えてきました。この問題のキーポイントはこの時間です。なぜ数カ月から何十年もかかるのでしょうか？　それは樹々のしわざに違いありません。豊富な樹林帯の土の中を水がゆっくりゆっくりと流れていくのです。仮定の話ですが、その富士山周辺の表面をすべてアスファルトで覆ったらどうなるでしょうか？　ここで想像力と創造力を駆使してく

ださい。

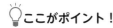

もし富士山周辺の表面をすべてアスファルトで覆ったらど
うなるでしょうか？

　これを考えることで、解答に1歩も2歩も近づきます。その
場合、ゆっくりゆっくり流れる水など存在しません。すべてが
アスファルトの表面をすごい勢いで流れ落ちてくるはずです。
そして、それは多方面からの水を集め、最後は激流となって駿
河湾へと注いでいくことでしょう。もちろん、山梨県側も同様
です。
　もうお分かりかと思いますが、森には「保水力」というものが
あります。森に降った雨は、地中に浸み込む時に落ち葉や樹々
の根っこなどによって行く手を阻まれながら、それでも気の遠
くなるような長い時間をかけて、地中をゆっくりゆっくりと流
れる地下水のシステムがそれです。この「保水力」という言葉は
地理では定番で、まさに今回のような問題で使われるワードと
して重要です。今回はアスファルトに例えましたが、裸地とい
うのは植物が何も生えていませんから、根っこや落ち葉はなく、
アスファルトほどではないにしろ、土とともに水が急速に流れ
出てしまうのは想像に難くないですね。そして、このゆっくり
ゆっくりの地下水のシステムが、まるで水をためるダム＝「緑
のダム」のようだというわけです。
　今回の東大の問題は、グラフを用いて一瞬難しく感じさせて

41

いるものの、このグラフ自体の読み取りはさほど難しくなく、「保水力」という考え方について分かっていれば、非常に易しい問題でした。裸地とアスファルトを置き換えて、それを森林と比較して、どちらが先に水を海まで運ぶかという想像に及べばいいわけです。

　小学生はおそらく「保水力」という用語を知りませんが、幸いなことにこの問題は、「保水力」を使わなくても解答は可能です。「森が水をためている」という概念さえ書かれていれば、得点を得られるはずです。

③実際の小学生への問題と解答

　小学生への実際の問題は以下の通りです。小学生に分かりやすいように、かなり言葉遣いを改めています。その上で、3つの土地利用について、最初から解答を与えました。仮にこれを東大と同様に問う形にすると、多くの小学生が、この読み取りに時間がかかってしまい、核心部分の解答にたどりつけないと考えたからです。

　図2-2は川がどのような地域を流れるかによって、雨が降り出した後の川の水の増加量の違いを表した図です。Aは植物が何も生えていない場所を流れる川、Bは水田を流れる川、Cは森林を流れる川です。この図を見て、森林が「緑のダム」とよばれる理由を考えて書いてください。

(2010年度・改)

●小学生にも可能と思われる解答文

森の下の土は葉っぱとか根っこがあるので、水が流れにくく、水がたまりやすいからダムみたいだということ。

●この解答の得点

　この問題の予想配点は４点〜５点です。ただし、(4)では流出量のグラフのＡ〜Ｃのうち、いずれが森林であるかを選ばせているので、その部分が１点、そのほかの論述部分は３点〜４点と思われます。土地利用の問題の核心部分は上記の小学生でも可能な解答文とほぼ同じなので、それだけで２点は取れそうです。ただ、満点を目指すには、グラフの読み取り結果を記す必要があるでしょう。降雨量と流出量の関係を説明しなければなりませんので、満点は小学生にはハードルが高いと思われます。

●実際の小学生の解答

森林が雨の水を根や土などでせきとめ、その水を川にゆっくりと時続的に流すことで川のはんらんを防ぐダムのようになっているから。

よくできました！

　これはすごい解答です。保水の要件である土中の根や土に言及し、字は間違っていますが持続的に流すという、そのシステムにまで触れていて、さらにダムの役割も書いてくれました。ダムの役割は、この小学生がいうような川の氾濫（はんらん）を防ぐだけの

ものではありませんが、東大の問題の文脈では川の流出量に着
目させている（一気に流出すると危ないという意図があると思
われる）ので、むしろそれについて触れた方が高得点が望める
かもしれません。字の間違いが惜しいですが、それがなければ
2点はいけると思います。

森林の根が水をひき止めて、少しずつ川に流しているから。

森林の土や木が水を貯めるから。

森林の土が水をきゅうしゅうして、たくわえてくれるから。

 できました！ 🌀

　3者とも似たような解答ですね。みんな森林の土や根につい
て触れていて、それゆえに水がたくわえられることに言及して
います。最初の小学生の解答ほど説明が丁寧ではありません
が、3者とも1点はあげられると思います。

森林は、他の植物が何も生えていない場所と、水田を流れてい
る場所よりも増加量があまり変化しないので、一定な流出量だと
分かるから。

惜しい！

　これは大変惜しい解答です。グラフの読み取りはできているのに、解答文全体がその解説だけになってしまっています。ですから、この解答の最後の部分の「一定な流出量だと分かる」に続けて、先の4人のような解答を持ってくれば、完璧に近いものになったかもしれません。「水をためる」という核心部分がないので、残念ながら無得点です。

　この問題は比較的よくできたようです。土地利用の種類A〜Cを最初から提示しておいたので、考えやすかったのかもしれません。結果的に点が取れた小学生が複数出ました。もし東大の問題のようにA〜Cを選択させていたらどうなったか、興味深いところですね。

④思考・想像の手順をチャートでおさらいしましょう

```
1 裸地・水田・森林の違いを考える
```
↓ 思考
```
2 空から降った雨は1の違いによってどうなるのか
  考える
```
↓ 雨が森や水田に降っている場面をイメージする
```
3 ダムとはどのような役割があるのか考える
```

45

↓　知識

4 雨が降った森林にどうしてダムのような役割があるか
を考える

↓　思考フル回転

5 森林に「水をためる」＝「緑のダム」の機能があることに
気づく

　この問題では、**1**から**3**までの思考は意外と簡単かもしれません。**4**へとつながるダムについての知識も、さほど難しいものではありません。低学年ならともかく、高学年の小学生ならそのほとんどが理解しているでしょう。

　ですから、この問題のポイントは最後の**4**から**5**へいたる部分です。ここを超えることができるかどうかが、解答に近づけるかどうかの分岐点です。得点が得られた小学生は「保水力」という言葉は知らなくとも、森林についての知識があるから、「緑のダム」として**5**にたどりつけたのだと思います。大人で森林がイメージできない人は少ないとは思いますが、都市部に住んでいる小学生くらいの子どもは、森林のイメージができないことも少なくないかもしれません。そういった意味でも、子どもの頃の経験値は大切だと思います。

絶えず流れる鶴見川の
いまむかし

～中村洋介（執筆協力）

　日本各地には大小さまざまな川がありますが、日本の川の多くはしばらく雨が降らなくても水が流れています。雨が降らなくても川にはなぜ水が流れているのでしょうか。

　国際的なスポーツの試合で利用される横浜国際総合競技場（日産スタジアム）がよく知られますが、そこは横浜市北部を流れる鶴見川に隣接しています。鶴見川の流域はもともと、低地には水田が、丘陵部には森林が広がる農村地域でした。大雨が降ると鶴見川の水位は増えますが、降った雨は地中や水田に一時的にたまることで、雨水は時間をかけて川に流れ出ていました。しかし、1960年代以降、住宅開発が急激に進み、開発が進んだ鶴見川の流域では、大雨が降ると、p.38の図2-2のAのように短時間で大水が集中するようになりました。そうすると、川の水は低地の住宅地にあふれやすくなります。

　当時の治水はいかに早く海に流すかが重要でした。蛇行する川を直線的に改修したり、河床を掘り下げたりしましたが、川が直線的になれば大水の時に流れの速度が増してしまいます。さらに、川の護岸がコンクリートによって固められると、そこに生き物が住めなくなってしまうこともあります。また、その頃の都市部の川では、急激な都市化によって下水道の整備が追い付かず、未処理の水が流れるようになりました。私は子どもの頃、鶴見川上流域で生活していましたが、子どもたちは

夏になると川で泳いだ、という昔の話を聞いたことがあります。1970年代生まれの私は自宅近くの川で泳いだ経験はありません。70〜80年代は急激な都市化の影響で、川の水質汚染が最も進んだ時期です。川に沿ってフェンスがあるため川に立ち入ることはできず、住民の生活は川から切り離されていきました。

　1990年代になると、そのような反省から川の役割として「遊水地」や「親水空間」が登場します。現在の横浜国際総合競技場は多目的遊水地と呼ばれる場所になっています。大水で鶴見川の水位が基準を超えると、競技場の下などに川の水を一時的に貯水して、雨が止んで川の水位が低下してから川に戻します。もともと競技場周辺は氾濫した水が溜まりやすい低地で、一帯は水田でした。その地形的な特徴を生かして、競技場の利用と治水を両立しています。上流では川の水辺に下りることができる親水公園もみられます。現在は、川を自然環境の一部と考え、流域全体で生態系の保全と治水を考えていく時代になりました。図2−2のAとBの線を比べると、Bの水田が広がる場所の川の水量のピークは遅くなっていますので、水田による治水の効果も期待されます。

　鶴見川を源流まで遡ると、森林に覆われた丘陵から地下水が湧き出している場所があります。図2−2のCの線のように、雨が降った後、地中に浸み込んだ水は川にゆっくりと水を供給するので、雨が降っていなくても川には水が流れます。開発が進んだ住宅地の小川にも、絶えず水が流れている場合があります。どこかで湧水が小川に流れ出ているかもしれません。

①実際の入試問題

　ここで取り上げる問題は先ほどの２節の(4)の続きです。p.38
の(5)をご覧ください。

②問題の概要

　「緑のダム」の次が「白いダム」ですから、何だか考えるのが楽
しくなりますね。氷河には大きく２種類のものがあります。１
つは大陸氷河といわれるもので、地質年代でいう新生代第四紀
の、いわゆる氷期に地球上を覆っていて、今も南極などに存在
する氷の塊です。実際にはこの期間の地球は、氷河が拡大する
氷期と氷河が縮小する間氷期が交互に繰り返されていました。
氷期といっても、地球全体が氷河に覆われていたわけではなく、
約２万年前の最終氷期といわれる時期では、北米ではアメリカ
合衆国の五大湖あたり、ヨーロッパでは北ドイツのあたりまで
が氷河に覆われていたといわれています。ニューヨークのセン
トラルパーク内にある巨岩には、氷河が後退したときの爪痕が
残っていることでも有名ですね。ちなみに氷河の後退というの
は、氷期の終わりに氷河が極側（ニューヨークの場合は北極側）
に縮小していく過程をいいます。要するに、地球がだんだん暖
かくなってきて、氷が北極の方向に戻っていくようなイメージ
です。また、もう１つが山岳氷河といわれるもので、当時の日

▲**千畳敷カール**(中村洋介撮影)

本列島では本州や北海道の高山地域に氷河があったといわれており、「カール」といわれる氷河が削ったお椀型の窪んだ地形が今でも見られます。長野県駒ヶ根市の千畳敷カールなどは有名です。

　今回はその山岳氷河についての問題ですが、雪や氷河が「白いダム」と呼ばれているとは、どういうことでしょうか？　問題文では「緑のダム」と比較して、どのような役割があるかを聞いています。ということは、何か違う役割があるのかもしれません。両者とも「ダム」といっているのだから、「水をためる」役割はきっと同じです。では、何が違うのでしょうか？　想像と創造の翼を広げましょう。ここで指定語句が役立ちます。「季節」に注目して、雪や氷河は暖かくなれば解けだす、ということに気がつけば一歩前進です。そして解けだした水はどうなるのでしょうか？　そこで次に登場するのが「流出」です。当然、解

けて流れ出るのでしょう。

　確かに「緑のダム」では水という形に解けだして流れ出るということはなく、降った雨が地中に浸み込んで、時間はかかるものの、そのまま流れ出ているはずです。ここが「緑」と「白」の違うポイントです。「白」は一度雪や氷という形で「水がたまって」、それを流さずに維持できているのです。ということは、「緑」と「白」では流出するタイミングが違うということに気づいてほしいと思います。

ここがポイント！

「緑」と「白」では水が流れ出るタイミングが違う。

　それでは、その「白」の流出タイミングはいつでしょうか？「緑のダム」では、水はいつ流れ出るかは分かりませんが、「白いダム」の水が解けて流れ出すタイミングは、実は分かっているのです。分かっていれば、それを人間が待ち構えて利用することができるはずです。ここで、「渇水」が登場します。水が不足している時に解けて「流出」してくれれば、大変ありがたい水だということがいえるでしょう。当然、「渇水」期にこの水を利用すればよいということになりますね。「季節」は「暖かな季節に解けだして」というように使ってもいいかもしれませんが、水が必要な「季節」に役立っている、というような使い方でもいいかもしれません。

　ダムとは、川をせき止めて造った人工物です。かつては各地でダムの建設反対運動が起こったように、ダムを造るには大規

模な地形改変や自然の破壊、付近の住民の移転が避けられません。それでも、私たちはダムの恩恵を受けることを優先してダムを造りました。ですから、現代の「ダム」という言葉には、マイナスのイメージはありません。人の役立つものとしてのダムに例えて、雪や氷河を「白いダム」と表現しているのだと思われます。

③実際の小学生への問題と解答

　小学生への実際の問題は、以下の通りです。実は後から気づいたのですが、やや設問の改変の仕方に難がありました。東大入試では「緑のダム」と比較して、「どのような役割があると考えられるか」としてあるのに、私の設問では、「白いダム」と「緑のダム」と比較すると、「違う役割があります」と違いを断定してしまっています。これでは「違う」ことを前提としてしまうので、解答の焦点がぼやけてしまったかもしれません。どのくらい解答に影響したか分かりませんが、私の痛恨のミスでした。

　日本の日本海側の雪やヨーロッパアルプス山脈・ヒマラヤ山脈・ロッキー山脈などの各地に広がる氷河は「白いダム」と呼ばれます。「白いダム」は「緑のダム」と比較すると違う役割がありますが、それは何でしょうか？　次のヒントの語句を使って考えて書いてください。

　　ヒント：　季節　　　流出　　　渇水

(2010年度・改)

●**小学生にも可能と思われる解答文例**

> 山にある雪や氷がダムのように水をためていて、暖かな季
> 節に流出して水田などの役に立つ

●**この解答の得点**

　この問題の予想配点は4点～5点です。上記の解答文例で
は、「渇水」という指定語句を使っていないので、すでに満点は
とれません。「渇水期に役立つ」などの解答は小学生には難しい
と思います。ですが「季節」や「流出」の使い方はさほど難しくな
いので、2点は取れそうな問題です。

●**実際の小学生の解答**

> 暑い季節になって、渇水が選つるときに、氷河が
> とけ水が流出する役割。

> 夏の季節に雪は氷がとけて水となり、
> その水が流出して土にたまることで、
> 土が渇水してカラカラになるのを防ぐ役割

よくできました！

　両者ともかなりいい線です。氷が解けて水が流れ出すという
ポイントは押さえています。さらに、指定語句をすべてしっか
り使えています。意味は分かっているようですが、「渇水」の使
い方が少し間違っていますので、やや減点になりそうです。そ

れでも、配点が5点なら2点はもらえるかもしれません。また、1つ目の解答は「選こる」(起こる)という誤字があるので、こちらは減点となるでしょう。

季節がかわると雪がとけて、水が流出も
渇水しなくなる

できました！

　すべての指定語句が使われていて、問題のポイント部分も押さえているので間違いではありません。ただ、これは白い「ダム」としての「水をためる」というニュアンスの言葉が不足しています。おそらく頭の中ではイメージできているのでしょうが、言語化されなかったということでしょうか。1点取れるかどうか微妙なところです。

つもった雪や氷河は冬の間はつもってたまり続けるが、
夏になると、とけて水となり流れ出る
ことでダムのように河をうるおし続けるから。

惜しい！

　これは大変惜しい解答です。渇水について触れていませんが、解答全体はポイントを押さえていて、ほぼ正解です。です

が、肝心の指定語句を一語も使っていません。これでは得点は難しいでしょう。おそらく頭で理解できていて、そのイメージのまま解答を書いてしまったので、指定語句を使うのを忘れてしまったのだと思われます。「河をうるおし続ける」という、ちょっとセンスのいい表現もあり、このしっかりした文体からして、意識して指定語句を使っていたら、2点は確実だったでしょう。

　この問題は「渇水」という用語が難しかったようです。実際に試験中にこの言葉の意味を5、6人に質問されました。小学生には当初よりこの言葉の意味を説明しておけばよかったかもしれません。

④思考・想像の手順をチャートでおさらいしましょう

１ 雪や氷でできた「白いダム」と指定語句「季節」との関わりを考える

↓ 思考

２ 「季節」が暖かくなれば雪や氷は解けだすことに気づく

↓ 降り積もった雪や氷河が解けていく場面をイメージする

３ そこで解けだした水がどうなるか考える

↓ 思考

４ ダムの役割をもう一度考えてみる

思考フル回転

5 雪が積もることで「水をため」、解けることで「流出」することでダムのような働きをしていることに気づく

知識

6 「流出」した水は、「渇水」期に農業などに役に立つことが分かる

　この問題では思考の飛躍は起きづらいと思われます。少なくとも、雪や氷は暖かくなれば解けるというのは、小学生でも理解できるはずだからです。あとは、指定語句をどう関連づけて使うかを意識することが大事です。「渇水」という用語は完全に知っているか知らないかの違いになってしまいますが、知っていれば、「白いダム」によって水が得られるのですから、それが「渇水」に役立つと連想していくのは、それほど難しくはないでしょう。

①実際の入試問題（波線が小学生に提示した問題）

日本における自然災害に関する以下の設問A〜Bに答えよ。

設問A

次の文章の（イ）、（ロ）にあてはまる語句を、イ－○○のように答えよ。

「天災は忘れたころにやってくる」といわれている。日本列島は世界的に見ても自然災害が多い地域で、さまざまな自然現象に起因する災害がしばしば発生し、多くの人的・物的な被害をもたらしてきた。これらのうち、20世紀において、日本列島で最も大きな人的被害（死者・行方不明者の合計）をもたらした自然災害は、（イ）地方を襲った（ロ）である。

設問B

高潮と津波は、河川洪水とならんで、日本列島で発生する代表的な水災害である。

(1) 高潮と津波は、それぞれどのような自然現象によって発生するか。合わせて2行以内で述べよ。

(2) 高潮は、どのような自然条件の場所で被害が激しくなる

か。2行以内で述べよ。

（東京大学　1999年度・第3問）

②問題の概要

　この1999年度の第3問は日本において多様な自然災害が起こる可能性を示しており、さらにその事実と私たち日本人がどのように対峙しているかを問う設問です。私にとって東大地理の過去問で忘れられない問題が、この設問B(1)です。しかしその前に、ここではあえて設問Aも提示しました。設問Aの問題文が密接に設問B(1)に関係するからです。まず、設問Aでは20世紀最大の日本の自然災害を問うていますが、これはもちろん関東(＝イ)地方を襲った関東大震災(＝ロ)です。1999年度の設問ですから、当然、東日本大震災(地震そのものは平成23年東北地方太平洋沖地震といいます)はまだ発生していません。その後、設問Bのリード文(設問上の前提となる文)として「高潮と津波は、河川洪水とならんで、日本列島で発生する代表的な水災害である」、そして(1)として以下に続きます。「高潮と津波は、それぞれどのような自然現象によって発生するか。合わせて2行以内で述べよ」と出題されています。

　さて、みなさんはこの問題を見て、どのような印象を持たれたでしょうか。東大が今の時代にこれを出題すると思いますか？　おそらく多くの方が「No」と答えるでしょう。なぜなら、我々は高潮はともかく、津波については既に知りすぎているからです。ところが、この問題が出題された1999年時点では、と

くに簡単だという意識はありませんでした。受験生にとっては、高潮も津波も既習事項であったと思いますが、私自身は授業の中でこの事項を特段力を入れて指導したわけではありません。したがって、この年の入試後には自分の教えた生徒たちが、この問題が解けたどうか非常に気になりました。ましてや、当時受験生ではない多くの人たちにとっては、津波についての知識が豊富とはいえず、高潮と津波を混同していた人も多かったのではないでしょうか。ところが、2011年の東日本大震災を境に日本人の津波への知識と意識は大きく変わったと思われます。今では、津波は地震によって引き起こされるということは、小学生でも多くが知っているでしょう。

　ですから、この問題は地震と津波の関係さえ知っていれば、部分的な得点は可能なはずです。ただ、高潮について説明するのは、小学生にはやや難題です。高潮は気象災害の1つです。台風や低気圧などが近づいたりして気圧が低下すると、水面の吸い上げ効果が表れます。海面全体が盛り上がる感じです。そこに台風本体からの強風が吹き寄せると、高波となって沿岸部を襲うのです。さらに、それに満潮時間が重なることで、より海面は高くなり、大きな被害を及ぼす可能性があるのです。

　ここでは、津波の原因の地震は指摘できたとして、高潮についてどう想像と創造をすればよいのでしょうか？

　津波が地震によって引き起こされるものという知識があれば、並列されている高潮はそれとは違うものであると考えることが可能です。

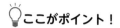

津波は地震によって起こるものだから、高潮は別のものが
原因と考える。

　津波と高潮の区別がつかない人は、似たようなもの、と考え
ているでしょう。そのような人は両者とも海が原因で起こる災
害という認識はあるでしょうから、地震以外の原因を考えられ
ればいいのです。であるならば、台風が原因であるという解答
を導き出すことも可能かと思われます。日本では、戦後最大の
台風被害をもたらしたといわれる1959年の伊勢湾台風が有名で
すね。この時は4ｍ近い高波が押し寄せ、愛知県などの濃尾平
野で著しい被害を及ぼし、被災者や被災地域に援助をとくに必
要とする激甚災害となり、死者・行方不明者は5,000人以上とな
りました。気圧の低下による水面の吸い上げ効果についてなど
は、さすがに知らなければ書けません。それでも、高潮は台風
が原因と書くだけで、1点をとることは可能かもしれません。
　東日本大震災を経験した我々は、津波について、その発生要
因と実際の津波の映像を嫌というほど見ていて知っています。
したがって現在に生きる日本人には、この設問はあまりに簡単
なのです。もちろん、東大入試の設問としては、高潮について
も記述して初めて満点答案となりますが、津波についての記述
だけでも部分点を取ることは可能なはずです。ですから、震災
後の今の時代に、東大がこの問題を出題することは考えにくい
のです。その意味では東大地理は時代を先取りしていた、いや
予言していたともいえるのかもしれません。東大はこの問題に

よって、我々に警鐘を鳴らしてくれていたのです。そのような先見性に敬意を表するというより、むしろ戦慄さえ覚えます。今となってはこの問題は出題されないと書きましたが、3章で記すように、東大の問題は繰り返されます。「災害は忘れた頃にやってくる」といわれるように、日本人が津波について忘れた頃に、再び設問となるかもしれません。

③実際の小学生への問題と解答

小学生への実際の問題は以下の通りです。ほぼ原問題の文に忠実です。

> 高潮と津波は、それぞれどのような自然現象によって発生しますか？　説明を考えて書いてください。
>
> (1999年度・改)

●小学生にも可能と思われる解答文例

津波は地震が原因で、高潮は台風が原因。

●この解答の得点

この問題の予想配点は3〜4点です。上記の解答文例では、地震そのものの発生原因や、台風が起こす高潮のメカニズムが説明されていません。しかし、内容は間違っていません。したがって、それぞれで1点ずつは取れるかもしれません。

●実際の小学生の解答

津波は地しんがおこった時におこる現象
高潮はつよい風が台風がきたときにおこる現象

よくできました！

　これは私の考えた解答文例にそっくりです。津波についても高潮についても、その発生原因についてははっきり記されているので、配点が4点であれば、それぞれ1点ずつ、計2点は取れると思います。

地しんが発生し、それが海の中だった場合、プレートがゆがみ、そのしん動で波がゆれ津波が発生する。

できました！

　プレートのゆがみという表現を用いて、地震発生のメカニズムを記すことに挑戦しています。ただし、地震の発生とプレートの動きの表現は順番が逆ですね。プレートが動くことによって、地震が発生します。それでも、津波と地震の関係は確かに記されているので、4点配点なら1点は取れるかもしれません。

津波はじしんで起きたゆれでい海の波の
いきおいが強くなって起きる。

できました！

　津波は「じしんで起きたゆれ」で海の波が増幅されて起こる
という解答です。そのメカニズムの説明には得点はあげられま
せんが、津波の原因が地震であることは間違いないので、4点
配点なら1点は取れるかもしれません。

高潮は強い風などにより波があおられ発生する現象。
津波は地震で海底のプレートがはねあがることで
大きな波が発生する現象。

よくできました！

　高潮についてはやや惜しい表現ですが、地震についてはプ
レートの跳ね上がりと表現しており、ほぼ正解です。4点配点
なら2点は取れるのではないでしょうか。

　やはり、多くの小学生が津波は地震によって起こるという
ことを知っていました。ですから、それを書くだけで得点でき
る可能性があります。一方で、高潮の知識がある小学生は少な
かったようです。台風シーズンに天気予報などを見ていれば、

頻繁に出てくる言葉ですから、何事にも興味をもって見る（観察する）ことが大切ですね。

④思考・想像の手順をチャートでおさらいしましょう

┌───┐
│ **1** 津波は地震によって起こる │
└───┘
　　　↓　知識
┌───┐
│ **2** 高潮は地震とは違うメカニズム（原因）で発生する │
└───┘
　　　↓　推測
┌───┐
│ **3** 台風の存在に気づく │
└───┘
　　　↓　思考フル回転
┌───┐
│ **4** 高潮は台風によるの強い風が原因の１つと推測する │
└───┘

　この問題は、自然災害についての知識が重要なファクターです。津波が地震によって発生するということは知っていても、そのメカニズムまで知るのは、小学生ではややハードルが高いかもしれません。ましてや、高潮のメカニズムについてはさらに難しいといえるでしょう。ただ、台風の存在に気づければ、高潮の原因と結びつけられるかもしれません。

コラム3 防災と地理的思考力

　新学習指導要領上の「地理総合」でもそうですが、GIS（Geographic Information System：地理情報システム）の登場以来、地理の授業では防災関連の内容の取り扱いが増加してきました。とくに2011年の東日本大震災以降は、その傾向が顕著です。私は授業では津波や河川洪水のハザードマップや活断層の位置を示した国土地理院の都市圏活断層図も扱います。実は一昔前までは実例を挙げてそのような図表を扱うのを控えていました。なぜなら通学区域のハザードマップや都市圏活断層図を見せて、危険が大きい箇所に生徒が居住していたら、その生徒を怖がらせることになるかもしれないというのが理由でした。あくまでそれは私の自主規制でしたが、他校の地理教員と話をしていると似たような考えを持つ人はほかにもいるようでした。そんな私の意識が徐々に変わりはじめたのは、阪神・淡路大震災後です。あの地震は神戸市北部から淡路島へとのびる野島断層の活動によるものですが、発生直後はそのほかの日本中の活断層の危険性も盛んに叫ばれ、国府津－松田断層帯や三浦半島断層群など国内でも著名（？）な断層を数多く持つ神奈川県に住む私にとっては、決して他人ごとではありませんでした。

　実際、文部科学省の機関として設置された地震調査推進研究本部が公表する2022年1月現在の「主要活断層の長期評価の概要」によれば、とくに三浦半島断層群は今後30年以内の地震発

生確率は６％～１１％で、この確率は活断層として国内で６番目に高い確率です。この数字や順位などは時々の発表によって微妙に変化してきましたが、三浦半島断層群は常に上位に位置づけられてきました。そしてその事実が私の意識を変化させます。確率が高い、危険性があるという事実を生徒に隠していたのでは防災は語れないと考えるようになったのです。

今年（2022年）の授業でももちろん津波の危険性を語りました。何しろ勤務校が使う中学社会の教科書にはハザードマップの例としてなんと鎌倉市の津波ハザードマップが掲載されているのですから。ちなみに勤務校は、ほぼ鎌倉市との境目の横浜市に位置しています。授業では全国の中学生が使う教科書になぜほかのどこでもない地元鎌倉のハザードマップが掲載されているのかというところから考えさせました。

ただ、地震が発生するのは何も自宅にいる時だけとは限りません。鎌倉を訪れたことがある方は、その地形をイメージでき

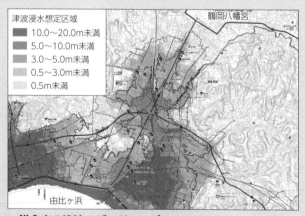

▲鎌倉市の津波ハザードマップ（鎌倉市提供）

る方も多いと思いますが、三方を山に囲まれ、一方は海に面した鎌倉は、大規模な津波が起これば、その中心部まで浸水が及ぶと考えられています。それはハザードマップでも明らかです。ですから例えば鶴岡八幡宮の付近に居合わせたら、「とにかく八幡宮の階段を最上段まで駆け上がれ」と指導しています。

このように地理では防災面について触れるのはもちろんですが、その前提としての地図の見方や地形、街の成り立ちなどを学びます。都市圏活断層図を見れば詳細に活断層の位置が分かります。古い地形図を調べれば過去の土地の状態が分かります。知っていれば活断層の直上やその昔沼沢だった土地に家を建てたいと思う人はいないでしょう。

旅先で地震に見舞われるかもしれません。それが海辺の街だったら当然津波を警戒して、場合によっては避難が必要でしょう。慣れない旅先での避難では、とにかく海とは反対方向に逃げるべきです。そんなこと当たり前と思われるかもしれませんが、これが意外と難しいものです。東京も横浜も、大阪も広島も、日本の大都市はほとんどが海に面した街です。

ではそれらの街中にいるときにどちらが海の方角か完璧に把握している人がどれだけいるでしょうか。周りはビルが建ち並び、海からわずかな距離しか離れていないにもかかわらず、その雰囲気のかけらも感じられない場所ばかりです。いずれにせよ、自分の行動が生死を分けるかもしれません。そしてその行動の根拠となるのが地理的思考なのです。自然災害から逃れて、生きるために地理を学ぶと言ったら言い過ぎでしょうか。

①実際の入試問題（波線が小学生に提示した問題）

　図5−1は、フランドル（現ベルギー）の地理学者オルテリウスが、1570年に作成した世界地図である。

(1)　a〜cの位置に描かれている特定の緯度を示す線（緯線）の名称を、a−○のように答えなさい。

(2)　bとcの緯線が、それぞれどのような自然現象の境になっているのかを、あわせて2行以内で述べなさい。

(3)　地図に示されている陸地の分布や形は、現実にかなり近い場合と、そうでない場合がある。この原因の一つは、地図の作成時には、ある場所の地球上での位置を知ることが、今よりも難しかったためである。当時、位置の決定に使われたおもな方法と、それに起因する地図の正確さ、不正確さの内容を、以下の語句を全部用いて3行以内で述べなさい。語句は繰り返し用いても良いが、使用した箇所に下線を引くこと。

　　　　緯度　　　　経度　　　　時間　　　　天文

(4)　地図の不正確さの内容には、位置の決定に用いた方法とは異なる原因によるものも認められる。このような不正確さがみられる代表的な地域の例と、その原因を、あわせて2行以

内で述べなさい。

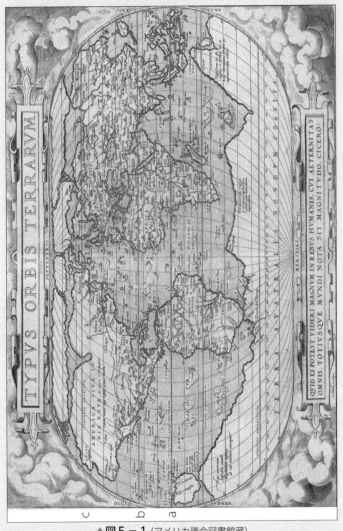

▲図5−1（アメリカ議会図書館蔵）

（東京大学　2012年度・第3問・設問A）

②問題の概要

　設問Ａでは古地図が使われました。(1)は知識のある小学生なら答えられそうな問題です。注意深く現代の世界地図を見ていれば同じ線が引かれていることに気づくでしょう。(2)は、その(1)に関連して出題されていますが、小学生にはハードルが高い問題です。ただし、(1)についての知識があれば、(2)も答えられる可能性はあります。(3)は受験生にとっても難易度が高いと思われますので、今回はこのうち(4)をもとに出題してみました。

　この問題の解答は、提示された地図と現代の世界地図とを見比べることによって導き出されます。ただ、見比べるといっても現代の世界地図が提示されているわけではないので、自分の記憶をたどることになります。要するに、まず知識として世界地図が頭に入っていることが前提となるのです。そして、その知識と提示された地図との違いを発見するための観察力・注意力が必要となります。

　ここはコナン君のように注意深く観察して、自分の記憶の中の世界地図と異なる点を探し当ててください。まず、ヨーロッパ・アフリカ地域は、現代の世界地図とそれほど遜色ない姿をしていますね。ところがどうでしょう。北米大陸についてはメキシコあたりだけがやや現在の面影があるものの、アメリカ合衆国からカナダへ北上するに当たって、頭でっかちのような広がりを見せてしまっています。また、南米大陸はげんこつを握って真横から見たような形です。そして、日本にいたってはただの楕円の島となっています。さながら「あれれ、この地図、

今の地図と比べると少し変だよ」というコナン君の声が聞こえるようです。

　さて、ここから何が分かるでしょうか？　問題文をよく読むと、この地図の作成者は現在のベルギーの地理学者とあります。しかも、1570年作成とありますから、1492年に新大陸に到達したコロンブスや、1519年に世界一周の航海に出たマゼランなどが活躍した大航海時代の終盤です。年配の世代の方々は、コロンブスが1492年にアメリカ大陸を「発見」したと記憶されているかもしれませんが、実際にはネイティブアメリカンと呼ばれる人たちが居住していたわけですから、「発見」ではありませんね。それはあくまでヨーロッパ視点の歴史ですから、現在の歴史の教科書にはコロンブスがアメリカ大陸を「紹介」したとか、「到達」したと書かれています。いずれにせよ、彼らの活動によって、世界のさまざまな地域の情報が欧州各国にもたらされたということは想像できます。それがどれだけの情報であったのかということは、この問題の地図を見れば明らかです。

　その一方で、南極大陸とオーストラリア大陸などは１つの非常に広大な大陸として描かれていますが、これは当時、完全に未知なる土地だった証でしょう。多くの探検家が極点を目指した結果、最初に南極点に到達したのは1911年のノルウェーのアムンセン隊で、イギリスのスコット隊がそれよりわずか１カ月ほど後に到達したのは有名な話です。20世紀に入ってからの偉業達成なわけですから、いかに過酷な土地であったかは想像に難くありません。この問題は、なぜ南極大陸が広大に描かれているかについて考えれば、核心に迫ることができます。要す

るに当時のヨーロッパの人たちがまだ測量に訪れていない、すなわち知識がなかった＝情報がなかった地域を、想像によって補って、広大な大陸があるとしてしまったといえるでしょう。

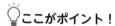ここがポイント！

> ヨーロッパの人々が行ったことがある（情報がある）場所の地図は正確に描ける。

　ベルギーから近い場所＝正確に描けている。ベルギーから遠い場所＝正確に描けていない。ただ、たとえベルギーから遠い場所であっても、例えばメキシコについてなどは、1521年にスペイン人のコルテスが当時のアステカ王国を征服していますから、少なからず情報があり、やや正確に描かれているのかもしれません。要するに、ヨーロッパの人々にとって、メキシコは「行ったことがある場所」または「行ったことがある人が多い場所」なのです。ですから、ベルギーからただ遠い場所だから正確に描けていないのではなくて、ヨーロッパの人々が「行ったことがない場所」だから正確に描くことができなかったと考えるべきでしょう。

　解答は以上が指針になります。ドローンはもちろんのこと、飛行機さえなかった時代に世界の地図を描くという行為が、いかに難しかったかがよく分かる設問でした。

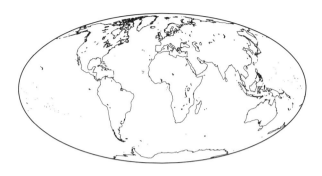

▲現在の世界地図（モルワイデ図法）

....

③実際の小学生への問題と解答

　小学生への実際の問題は以下の通りです。この問題は東大入試では直前の問題と連続性を持たせているので、それを断ち切るように単独の問題に改変しています。

　図５－１の世界地図は1570年に今のベルギーの地理学者が描いたものです。この地図において不正確だと思われる地域はどこでしょうか？　その地域の例を挙げて、なぜ不正確なのか理由を考えて書いてください。

(2012年度・改)

●小学生にも可能と思われる解答文例

　南米などはベルギーからは遠くて何度も行ったことがある人がほとんどいなかったから、情報が少なくてうまく描けなかった。

73

●この解答の得点

　この問題の予想配点はおそらく３点です。ほかの問題とのバランスで４点配点は難しいと思われます。この解答文では、問題の指示通りにしっかり例を挙げて不正確な理由を述べているので、１点ないし２点はもらえるかもしれません。

●実際の小学生の解答

> 中南米や北米は、大西洋の向こうにあってので、行きづらく、不正確になった。

できました！ ⤺

　しっかり不正確な地域の例を挙げられています。そして、大西洋の向こうで行きづらかったと書いています。これは理由として十分説得力がありますね。仮に地図の作成者の住んでいたベルギーから南米に航路で行く最短経路は、確かに大西洋経由です。それを理解していて解答したのなら、少し驚きです。ただ、前述したように、メキシコは比較的正確に描かれているので、中南米を例として挙げるとまずいかもしれません。それでも１点は確実に取れると思います。

日本が無い
そもそも地図を書いた人が日本を知らなかったから

惜しい！

　この問題に関して、受験した小学生のみなさんに申し訳な
かったのは、印刷の関係で地図が不鮮明であったということで
す。ですから、地図を見て日本が存在しないと思った人もいる
でしょう。ただ、この理由はしっかりと思考された結果だと思
われます。仮に本当に日本が描かれていなかったとしたら、そ
の理由は確かに日本の存在を知らなかったからというのもあ
り得る話だからです。もっともこの古地図が描かれた時代より
ずっと以前から、マルコ・ポーロの『東方見聞録』などによって
ヨーロッパでは日本の存在は知られていたはずです。いずれに
せよ、問題の解答としては不正解ですが、解答の指針としては
間違っていません。確かに日本の形はかなり不正確です。

　何名かの小学生は不正確な地域をしっかり挙げられていまし
た。しかし、理由の部分が答えられていませんでした。この問
題は最初に記した通り、現代の世界地図が頭に入っていなけれ
ば解答できません。リビングなどに世界地図が貼ってある家庭
も多いとは思いますが、日頃から世界地図を眺められる環境は
大事です。ただ眺めているだけで相当な情報量が得られて、そ
れがやがて自らの血肉となる知識へと変わっていくでしょう。

ただし、このリビングの世界地図というのがちょっと曲者です。詳しくはp.77のコラムで解説しています。

④思考・想像の手順をチャートでおさらいしましょう

┌─────────────────────────────────────┐
│ **1** 問題の地図と頭の中の世界地図とを比較する │
└─────────────────────────────────────┘
        ↓ 知識
┌─────────────────────────────────────┐
│ **2** 不正確な地域を抽出する │
└─────────────────────────────────────┘
        ↓ 知識
┌─────────────────────────────────────┐
│ **3** 不正確な地域の共通性を考える │
└─────────────────────────────────────┘
        ↓ 思考
┌─────────────────────────────────────┐
│ **4** 共通性から不正確な理由を想像と創造ででっちあげる │
└─────────────────────────────────────┘
        ↓ 思考フル回転
┌─────────────────────────────────────┐
│ **5** 行ったことがなく、知らないから不正確であると気づく │
└─────────────────────────────────────┘

　前述しましたが、現在の世界地図が頭に入っていないと解けない問題です。ただし、パッと見て分かる程の違いなので、**1**から**2**へは意外と簡単にステップを踏めるかもしれません。むしろ、山場は**3**の部分だと思います。ここさえクリアできれば、あとは理由をでっちあげるだけだからです。

リビングの地図は嘘つき!?

　そもそも地球は球体ですので、その表面の現代世界を1枚の平面の地図に収めることは到底不可能です。そこで先人たちはさまざまな図法という技を編み出し、何とか球面上の地球の表面を2次元の紙に表現しようとしたのです。ですから、それぞれの図法で描かれた世界地図は、すべてが一長一短、メリットとデメリットを持っており、その使用目的に応じてどの図法で描かれた地図を用いるべきかという選択が必要です。ただ唯一、まったくデメリットを持たない地図があります。正確には地図ではありませんが、それは地球儀です。地球儀は立体ですから地球が縮小されただけで、ほぼ正確に現代世界を表現しています。携帯性に欠けるのが最大の欠点ですが、紙のように軽く折りたためて、広げるとすぐ球体になるようなドラえもんのひみつ道具的な地球儀が発明されれば、大ヒット間違いなしでしょう。

　さて、ここで皆さんに質問です。「東京からみたアメリカ合衆国のロサンゼルスへの方角は?」と聞かれたら何と答えるでしょうか? 「東」と答える人が多いのではないでしょうか。しかし、それは不正解です。次の地図を見てください。

　皆さんが知っている地図上の約束は上が北で下が南。右が東で左が西のはずです。だとしたら、ロサンゼルスはほぼ東京の東に位置しているといえるでしょう。なぜ不正解なのでしょう

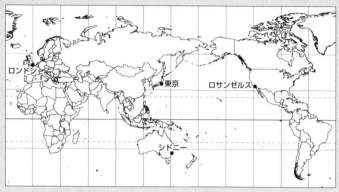

▲ミラー図法の地図

か。実はこの地図はミラー図法という図法によって描かれて
います。名前を聞いたことがあるかもしれませんが、ミラー図
法で方角が正しく表現できるのは、いくつかの条件に当てはま
る場合のみで、ほとんどの場合は左が西などの地図上の約束は
通用しません。ですから東京からのロサンゼルスへの方角は、
「東」の方角に見えるかもしれませんが、実は違うのです。

　それでは正解はどのように求めればいいのでしょうか？　ま
ずは地球儀を使うのが一番です。またGoogle Earthのように
画面上に立体的な地球を表現できるアプリの場合は比較的簡
単に正解が得られるでしょう。ところがもっと簡単に確実に方
角がわかる図法があります。正距方位図法という図法で書かれ
た地図です。航空図などに多く使われ、国連旗に記された地図
もこの図法が使われています。この地図では中心から任意の地
点までは正確な距離と正確な方位を表します。要するに例の地
図の約束が適用できるということです。ですから東京が中心と

なって描かれている正距方位図法を使えばこの問題は一発で解決です。

▲国連旗

　答えは「北東」ですね。以上のように、とくに家庭のリビングなどにも貼られる世界地図には要注意です。前述したように掲示用の大きめの世界地図はミラー図法などで描かれている場合が多く、方角の位置関係は本来のそれと異なっている場合もあるからです。そのような地図を見慣れてしまうと、アメリカ本土は日本の東に位置すると思い込んでしまいそうです。しつこいようですが、アメリカ本土は日本の東ではありません！

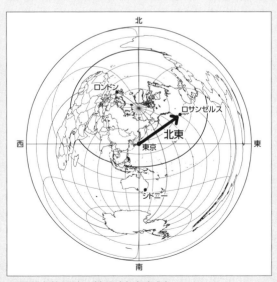
▲正距方位図法の地図（東京中心）

①実際の入試問題(波線が小学生に提示した問題)

図6−1は、現在の東京都心およびその周辺部の標高を図示したものである。

(1) 図6−1のA地区では、もとの地形が人為の影響によって変化していることが読み取れる。このような変化を2種類指摘し、それぞれの原因とあわせて3行以内で述べなさい。

(2) 図6−1の西部の台地では、開析が進み、入り組んだ形で谷地が分布していることが読み取れる。これらの谷地に存在した河川の多くは、1960年代頃に暗渠化(フタをかけ、地中化すること)されている。河川の暗渠化が進んだ主な理由を、以下の語句を全部用いて2行以内で述べなさい。語句は繰り返し用いてもよいが、使用した箇所に下線を引くこと。

拡幅　　　生活環境　　　都市化

(3) 図中の沿岸部には、多くの人工島がある。日本の大都市沿岸部に形成されたこうした人工島に、立地適性があると考えられる公共施設の例を1つあげ、その理由とあわせて2行以内で述べなさい。

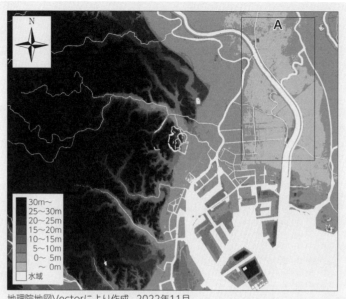

地理院地図Vectorにより作成。2022年11月

▲図6−1

（東京大学　2012年度・第3問・設問B）

②問題の概要

　これは、東京湾周辺地域の地形改変についての問題です。地形改変とは、人間が開発することによって、元あった地形が変わってしまったことをいいます。⑴も⑵も受験生にとってはとくに難しいというわけではありませんが、さすがに小学生にはハードルが高いかもしれません。ただ⑶で問われている内容はそれほど難しくなく、受験生でなくとも公共施設の1つは挙げられるでしょう。それは小学生でも然りと考えて出題しました。

　図中の濃淡は標高の違いを表している、というのは地図の左

下にある凡例を見れば分かります。まず、それに気づいて読図をすれば、沿岸部はほとんど平らな土地であることが分かります。もっとも、そのように標高を調べなくても、多くの人は沿岸部の人工島と聞けば、ある程度広くて平らな土地をイメージできるでしょう。

　もともと東京の沿岸部は湿地帯で、徳川時代に増え続ける江戸の人口をさばくために、埋め立てが始まったといわれています。その後も東京の埋め立ては継続的に続き、豊洲・若洲などが誕生しています。一時国際線の発着のほとんどを成田空港に譲っていた羽田空港も、沖合展開によって拡張され、再び国際線の便が多数発着するようになったことは、ご存じの方も多いと思います。

　また、東京湾の人工島と聞いて、「夢の島」を思い浮かべた人も多いかもしれません。住所は東京都の江東区に位置します。埋め立ての開始は戦前ですが、高度経済成長期には東京都がゴミの最終処分場として、ゴミを埋め立てることでできた人工島です。レジャーランドのような施設を建設する予定だったらしく、そこから「夢の島」と名づけられたようです。ご年配の方は記憶にあるかもしれませんが、埋め立て中は、そのゴミから発生する異臭やハエが近隣住民を悩ませたようで、当時、随分と話題になっていました。

　さて、そのような人工島に公共施設を持ってくるとして、何がいいか？　実際に存在している「夢の島」のような場所に行ったことがあれば、そこにある施設を思い浮かべることによって大きく解答からそれるということはないでしょう。ただし、こ

れは大学入試問題ですから、何でもいいわけではありません。きちんと正解例が存在します。まず、問題中の条件を確認しましょう。「大都市沿岸部」に作られたとあります。そうです、ただの人工島ではありません。人工島と聞くと、どうしても無機質なコンテナなどが積み上げられている土地イメージしてしまいますが、そこは「大都市沿岸部」と指定されています。そこで、大都市の最大の特徴を思考してみましょう。すぐに沿岸部だけでなく、周辺に人口が多いということが浮かびませんか？　そして、次に人工島という条件です。もう一度、人工島の特徴を想像してみてください。これは思考というほどではありませんが、先述のように海で隔てられた広くて平らな土地と気づくことでしょう。だとすれば、あとはその条件に合う公共施設を思い描くだけです。

ここがポイント！

- 条件Ａ　大都市沿岸部＝「周辺の人口が多い」
- 条件Ｂ　人工島＝「広くて平ら」「海で隔てられている」
と単純化してどのような公共施設がふさわしいか考える。

　条件Ａでは、「周辺人口が多い」という事実を、マイナスと捉えるかプラスと捉えるかによっても解答が異なってきます。マイナスと捉えれば、その周辺に住んでいる人たちにとっては、近くにあって欲しくない施設のこととなります。「島」ですから、海で隔てられているという立地は、近くにあって欲しくない施設にはふさわしそうです。また、プラスと捉えれば、多く

の人たちが足を運ぶ施設、ということになりますね。

条件Bでは、「広くて平ら」というのですから、大型の施設なら何でもよさそうですが、「平ら」であることにもう少し焦点をあてると、その特徴を生かした施設、「平ら」でなくてはならない施設を考えたいところです。

したがって、解答は「周辺人口が多い」をマイナスに捉えた場合は、例えば清掃工場などが挙げられます。周辺に人口が多いからこそ、人工島に清掃工場を作ってしまおう、ということです。逆にプラスに捉えた場合は、そこにあると多くの人の利便性につながる施設、例えば空港などが挙げられます。とくに空港の場合は「平ら」でなくてはならないので、その特徴が十分に仕事をしたことになります。実際に夢の島には新江東清掃工場が存在するし、羽田に羽田空港があるのは多くの人に知られていますね。

③実際の小学生への問題と解答

小学生への実際の問題は以下の通りです。立地特性という言葉が難しいので書き換えていますが、あとは原文にほぼ忠実です。

図6-1は現在の東京都心およびその周辺部の標高を表したものです。図中の沿岸部には多くの人工島がありますが、日本の大都市沿岸部に作られた人工島にふさわしい公共施設は何だと思いますか？　1つ例を挙げて、その理由も考えて書いてく

ださい。

(2012年度・改)

●**小学生にも可能と思われる解答文例**

多くの人が住んでいる近くに広くて平らな土地があるのだ
から、空港がいいと思う。

●**この解答の得点**

　この問題の予想配点は２～３点です。上記の解答文例は条件
ＡとＢを満たした形で解答しているので、２点もらえるかもし
れません。

●**実際の小学生の解答**

沿岸になるよりも、人口島を作ってそこに船を停める方が
スムーズなので港がるさわしいと思う。

惜しい！

　沿岸部の公共施設ですから、港という選択肢もあり得ます。
ただ、理由が条件ＡやＢを考慮していないようです。例えば、
この解答に「広い土地があって、船から降ろしたコンテナを積
みやすいので」などという記述があれば、得点を得られるかも
しれません。

空港だと思う。なぜなら、人工島は広く平たい土地だから、例え大きい空港でも建設できるから。それに、外国や日本の各地のげんかんとも言える空港は大都市の人工島にふさわしいと思う。

よくできました！

　小学生用の解答文例と内容はほぼ同じで、条件AとBもクリアしているのではないでしょうか。空港を大都市の入り口である「玄関」と表現するあたりは、「分かってるな」という印象を持ちます。2点もらえるかもしれませんね。

　全体的にもう少しできるかと思ったのですが、得点が得られそうなのは上記の1名だけでした。やはり、条件を頭の中で整理して、その条件にふさわしい施設を考えるというステップを踏まないと、なかなか正答には近づけないかもしれません。

④思考・想像の手順をチャートでおさらいしましょう

1 読図をして沿岸部の土地がほぼ平らであることを確認する

↓ 知識

2 問題文中の条件を確認し、「大都市沿岸部」が何を意味しているのか思考する（条件A）

↓ 思考

3 同じく標高が低い「人工島」が何を意味しているのかを思考する（条件B）

↓ 思考

4 条件AとBから適切な公共施設を想像と創造する

↓ 思考フル回転

5 清掃工業や空港などを思いつく

　この問題ではまず**1**の読図ができなくてはなりません。ただし、この場合は凡例に標高差が濃淡で示されており、比較的理解しやすいはずです。これが等高線が入った地形図だと、簡単ではなかったでしょう。仮に読図ができなかったとしても、「沿岸部」や「人工島」の語句から平らな場所であることを想像することは可能かと思われます。あとは、**2**・**3**の条件AとBについて、チャートのように思考できれば何とか**5**のように解答に近づけるはずです。

87

東京湾の干潟と開港の歴史

~中村洋介（執筆協力）

　江戸時代の末、アメリカが神奈川（現在の京浜急行線の神奈川駅の近く）の開港を要求したことはよく知られます。当時の幕府は神奈川が東海道の宿場という要衝の地であったため、1858年の日米修好通商条約の締結時に、現在の関内（現在の神奈川県庁のある周辺）を開港することで落ち着きました。そもそもアメリカ政府はなぜ日本の中心都市である江戸（東京）の開港を要求しなかったのでしょうか。

　政治的にみると、幕府が政治の中心地、江戸の開港を嫌ったことがあるでしょう。地理的な視点で地図を開いて東京と横浜の違いを探すと、東京には多摩川、荒川、江戸川という大きな川の河口があります。江戸川は日本一の流域面積をもつ利根川下流の1つで、多摩川と荒川も上流は深い山地です。川は上流から土砂を運び、下流の三角州で砂や泥を堆積させます。一方、横浜の関内には大きな川は流れていません。大岡川の河口がありますが、大岡川は横浜市内が源流の狭い流域の川です。

　江戸の海岸には川から多くの土砂が供給されました。土砂は流れが遅くなる河口や前浜に堆積します。東京湾ではそこは干潟と呼ばれる場所でした。干潟は干潮時は陸地になり、満潮時はその陸地が海に没する場所で、遠浅の海になっています。現在、東京・晴海の潮位の差は2mほどです。その深さですと欧米の大型の蒸気船は座礁してしまいます。そこで、同じ東京湾

でも、横浜の海は江戸に比べると深いことから、アメリカ政府は交通の要衝である神奈川に目をつけました。ペリーの艦隊は1853年に東京湾沿岸の海底の地形を詳しく測量して東京湾の海図を作成し、地形の特徴を把握していました。このような地形の条件が横浜開港の決め手になりました。

　一方の江戸は和船の港町でした。当時の江戸には日本各地から物産が運ばれ、物産は隅田川の河口で小型舟に乗せ換えて、問屋が集まっていた隅田川やその周辺の運河に舟が出入りしていました。江戸の運河沿いは物流の拠点でした。また、江戸前の干潟はもともと海苔の生産地で、その海苔が浅草海苔です。干潟には貝が生息し、隅田川河口の佃島ではアサリの佃煮が有名です。干潟には上流から細粒の土砂とともに栄養分が流れ込み、それが多様な生物を育みます。漁業資源の豊かな江戸の干潟でしたが、明治時代以降は急速に埋め立てが進み、現在の東京の海岸で干潟はほとんど見られなくなりました。

　現在の東京港を地図で見てみましょう。品川からお台場の辺りに港湾施設が集中しています。国際貿易のための東京港の開港は1941年で、横浜開港の82年後でした。沖合に埋め立てが進み、水深を下げるための工事によって大型船が入港できるようになりました。埋め立てが進んだ理由も水深の浅い干潟であったため、埋め立てが容易であったことが背景にあります。

　なお、信濃川の河口に位置する新潟港も幕末に開港した五港の1つです。新潟港は、河口の土砂の堆積によって水深が浅くなったことから、当時、外国船の利用は多くありませんでした。

①実際の入試問題（波線が小学生に提示した問題）

　東アジア・東南アジア・南アジアにおける地域間の交流と、社会・経済の変動に関連する以下の設問に答えなさい。

設問

　表7−1は、東アジア・東南アジア・南アジアの6つの国（地域）の国籍保持者のうち、2008年に観光、商用などを目的とする旅行者（短期滞在者）として日本へ入国した者の入国目的別の実数と割合を示したものである。

(1)　表中の**ア〜エ**は、インド、中国、台湾、フィリピンのいずれかである。**ウ、エ**の国（地域）名を、それぞれ**ウ−○**のように答えなさい。なお中国には、香港、マカオは含まれない。

(2)　(1)のように判断した理由を2行以内で述べなさい。

(3)　**ア**の入国目的別割合をみると観光の占める割合が高い。**ア**からの旅行者にとって、日本のどのような地域が観光地として人気が高いと考えられるか。京都・奈良以外に具体例を2つ挙げ、それぞれの理由とあわせて、全体で2行以内で述べなさい。

(4) 日本国籍保持者の**イ**への旅行者数は約400万人（2007年、世界観光機関による）と、**イ**の日本への旅行者数を大幅に上回っている。このような不均衡が生じている理由を、2つの要因を挙げて2行以内で述べなさい。

▼表7-1　　　　　　　　　　　　　　　　　　　単位：千人

国（地域）	総数	観光		商用		親族訪問ほか	
韓国	2,219	1,716	77%	326	15%	177	8%
ア	1,354	1,232	91%	90	7%	33	2%
イ	636	386	61%	191	30%	58	9%
シンガポール	164	131	80%	27	16%	6	4%
ウ	55	15	28%	16	29%	24	43%
エ	42	6	15%	23	55%	12	29%

法務省入国管理局資料による。

（東京大学　2010年度・第2問・設問A）

··

②問題の概要

　この問題は統計数値の年がポイントです。2008年ですから今からもう10年以上前で、問題を解いた小学生の生まれる前の数値です。2000年代に入ってからつい最近までインバウンド需要といわれる外国人観光客の国内消費が話題になっていました。この本を書いている2022年現在はご承知の通り、新型コロナウイルスの影響で外国人観光客の入国は激減しています。観光立国を目指した日本はその2008年に国土交通省外局の観光庁を立ち上げ、観光立国推進基本計画を策定しました。そしてその計

画では2020年までに訪日外国人旅行者数を4000万人にする目標が盛り込まれました。

　下のグラフをご覧ください。2003年に521万人だった訪日外国人旅行者はコロナ前の2019年には3188万人にまで増加しています。

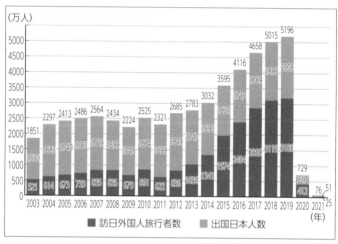

（出典：日本政府観光局〈JNTO〉）

▲訪日外国人旅行者数・出国日本人数の推移

　したがって、この問題の表の2008年の統計は、その訪日外国人旅行者の増加の初期段階といえます。まさに増えつつあるタイミングでの統計ですね。ですからこの問題(1)のとくに国（地域）を断定する問題とその理由を示す(2)の部分はこの統計年度に注意しなければなりません。また(4)も同様で、今（2022年）となっては当時の状況を振り返りながら解答するしかありません。この問題では(3)を出題しました。外国人が求めているもの

という視点で考えれば小学生でも解答可能と判断しました。

　今の時代感覚でいえば、韓国が1位なのも少し違うような気がしますね。それでも、韓国としっかり明記されているから、1位なんだと自分を納得させて、2位の**ア**がどこかを考えます。多くの人が中国だと思うでしょう。それも無理はありません。経済発展が著しい人口世界最大の国で、しかも日本の隣国ですから、大挙して押し寄せても不思議はないでしょう。さらにはコロナ禍前までは、多くの都市で中国人観光客を見かけていましたから尚更です。しかし、**ア**は中国ではありません。実はこの翌々年の2010年に、中国からの訪日短期滞在入国者数は100万人を超えており、急増するのはこの頃からになります。それでは、**ア**はどこかというと答えは台湾です。1位の韓国同様、隣地である台湾からは多くの観光客が訪れていたのです。ですから、この国を判断する問題は2008年の統計であるという点を意識して解答しないと間違えてしまいます。

　ただし、この問題の解答者の今の小学5〜6年生は、2008年の様子などは知る由もないはずですから、今の感覚で中国と答えてしまっても、仕方ないように感じます。実際2019年の統計では、1位が中国で約730万人、2位が韓国で約530万人、3位が台湾で約450万人となっています。ちなみに、**イ**が中国、**ウ**がフィリピン、**エ**がインドです。

　さて、**ア**を特定する問題はともかく、この問題の主要な部分は**ア**の人たちにとって人気の観光地を挙げることです。京都・奈良以外に2つと指定されていますから、日本全国の観光地を頭に思い浮かべて思考しましょう。まず考えるべきは、これは

大学入試問題であるのだから、しっかりとした理由が必要だということです。理由を示せと問題文に明記されてもいます。思考の際は「こうだから、こう」というプロセスが必要ですから、ただ闇雲（やみくも）に日本の観光地を思い浮かべても、正答にはなりません。

ここがポイント！

> 台湾の人が行きたがる理由も考えて日本の観光地を選択する。

　この問題では、京都・奈良が除外されています。その理由は人気であろうことが明白だからです。それは台湾の人たちにとってだけでなく、日本を訪れる世界中の観光客にとって、京都・奈良は外せない人気スポットだからといえるでしょう。それではなぜ人気か。1つ目のポイントがここにあります。文化財が多く、日本固有の文化が息づく古都としての魅力が多いから、といったところでしょうか。それでは、なぜ日本固有の文化財が多いと、台湾をはじめ世界中の人たちに人気なのかと思考のステップを踏んでいきます。それは、自分たちの住んでいる場所には日本と同じような文化財は存在しないからです。人は自分にとって珍しいもの、見たことがないものを見たがります。それがそもそもの旅行の第一の動機でしょう。

　台湾の人たちにとって、自分の住んでいる場所にはなくて、日本にあるものと絞って思考すれば、例えば北海道という解答はそれほど難しくはないでしょう。緯度が低い台湾の低所で

は雪は降りませんから、雪が降る北海道というのはまさに憧れ
だったかもしれません。

　さて、もう１つ具体例を挙げなくてはなりません。実は、そ
れぞれの国の首都をはじめとする大都市は、どの国でも観光客
に人気です。それは日本も同じで、外国人観光客はまずは首都
の東京を見たいと思うでしょう。そもそも外国の観光客が日本
を訪れるときにまず最初に足を踏むのは、ほとんどの場合、羽
田空港や成田空港か関西空港でしょう。成田空港にしろ、関西
空港にしろ、東京・大阪の表玄関ですから、まずはそれら大都
市に向かうはずです。とくに首都は一般的にその国の中で商業
集積が最も進んでいますから、買い物や食事にはことかきませ
ん。実際に渋谷や新宿だけでなく、コロナ禍前は東京の各地で
観光を楽しむ外国人観光客が多数見受けられました。

③実際の小学生への問題と解答

　小学生への実際の問題は以下の通りです。東大入試の(1)に記
号の選択肢が示されていて、(4)に実際の表が示されているので、
それらをミックスして作成しています。

　表７－１はアジアの６つの国（地域）の人のうち、2008年に旅
行者として日本に入国した者の目的別の人数と割合を示したも
のです。**ア**の入国目的別割合をみると観光の占める割合が大き
いですが、**ア**からの旅行者にとって、日本のどのような地域が
観光地として人気が高いと考えられますか？　京都・奈良以外

95

に具体的な場所を2つ挙げて、その理由も考えて書いてください。またアはインド、中国、台湾、フィリピンのいずれかです。

(2010年度・改)

●小学生にも可能と思われる解答文例

> 北海道は自然が多くて台湾では降らない雪が降るし、東京は多くのお店があって買い物が楽しめる。

●この解答の得点

　この問題の予想配点は2〜3点です。それぞれ具体的な場所を示し、理由も添付されていることから、2点をもらえるかもしれません。

●実際の小学生の解答

> 神奈川県の江ノ島
> 理由は海や神社など人気スポットが集った所だから。
> 北海道
> 理由は雪などを好んでいる子供や大人がいるから。

できました！

　この解答には困りました。北海道についての解答は、理由も含めて間違いなく点がもらえると思います。ただ、問題は江の島の方です。解答してくれたのは私の勤務校がある神奈川県の地元の小学生なので、江の島と書いても不思議ではありませ

ん。統計を調べたわけではありませんが（そもそも統計が存在するか分かりませんが）、台湾の人が江の島に観光に来てもおかしくありません。江ノ島電鉄（江ノ電）の鎌倉高校前駅のすぐ横の踏切は、台湾でも人気のバスケットボールを題材にしたアニメ「スラムダンク」の聖地だそうで、外国人観光客であふれているのを私も何度も目撃しています。その鎌倉高校前駅から江の島まではすぐですから、訪れる可能性は十分に考えられます。海は台湾にもありますが、神社はほとんど見かけないでしょうから台湾にないものをしっかり記入していることになります。非常に悩むところですが、私なら１点あげたいところです。結果的に合計２点になります。

東京都が人気が高いと思います理由は都会できでいろいろな施設がいっぱいあるので人気だと思いました。

商業方施設や観光施設が多くなって栄えている、東京や大阪が観光地として人気が高いと思う

できました！

２人とも具体例として東京を挙げています。理由も大都市の特徴をつかんだものになっているので、１点はもらえると思います。

北海道や新潟が観光地として人気が高いと思う。
でもちらとも、日本の真逆な国などは、雪が降らない国もあると思うので、
夏休みに旅行者がたくさん来ると思う。
さらに、北海道や新潟は外国ではあまり食べれない米が
おいしいので人気だと思う。

惜しい！ ◁

　雪の多い北海道と新潟を挙げてくれました。真逆の国というのは、南半球の国を指しているものと思われます。雪についての理由は分かりますが、米も理由にしていますね。日本以外でも米はとれるので、これは理由になりません。難しいところですが、得点はもらえないかもしれません。

🐟　　　🐟　　　🐟

　日本で人気の観光地を挙げよ、という比較的小学生でも取り組みやすい問題だったと思われます。実際に多くの小学生が解答欄を埋めてくれました。ただ、具体例を挙げられても、それがなぜ台湾の人たちに人気なのかが理由として説明できなければなりません。紹介したほかにも、台湾から近い沖縄や雪の多い富山などが挙がっていましたが、理由が十分ではありませんでした。

④思考・想像の手順をチャートでおさらいしましょう

```
■1 アが台湾であることを確認する
```
↓ 知識
```
■2 外国人観光客に人気の日本の観光地を思い浮かべる
```
↓ 知識
```
■3 台湾の人たちが日本に何を求めるか思考する
```
↓ 思考
```
■4 なぜそれを求めるかを思考する
```
↓ 思考フル回転
```
■5 自分たちの住んでいる地域にはないものを求めている
   ことに気づく
```
↓ 知識
```
■6 そのような日本の観光地を探す
```

　■1の知識の部分は小学生にはハードルが高く、台湾という判断はなかなか難しかったのではないかと思います。ただ、仮にそこが分からなくてほかの国や地域を想像してしまったとしても、■3から■5にかけての思考プロセスは可能ではないでしょうか。要するに、外国の人が、日本に何を求めているのかが分かれば、解答はそれほど難しいものではないでしょう。

コラム 6
ゴールデンルートと
日本ならではの観光とは？

～齋藤亮次（執筆協力）

　2022年、世界経済フォーラムが発表した「旅行・観光開発ランキング」で、日本は初めて世界一に輝きました。コロナ禍という苦しい状況の中ではありましたが、日本固有の自然・文化資源の豊富さや、交通・宿泊の観光インフラの利便性、治安などがとくに高く評価された結果です。

　とくに、初来日・団体の外国人観光客に王道として知られているのがゴールデンルートです。観光庁によると、2018年の訪日外国人滞在日数は平均6.0泊と短期滞在傾向がみられ、日本の大都会、自然、そして歴史を体感できる東京・箱根や富士山周辺・名古屋・京都・大阪という人気観光地を効率的に周遊できることから支持されています。まさに、日本の「いいとこ取り」ができるルートなのです。

　他方、リピーターや個人旅行者は、このルートではなく別の

▲「ゴールデンルート」

観光地を目指します。コロナ禍以前は訪日リピーターが年々増加しており、2016年から2019年にかけて1.6倍にもなりました。観光庁もゴールデンルート以外への観光客誘致を目指し、北海道から沖縄まで11の広域観光周遊ルート形成を目指しています。

　ちなみにゴールデンルート上にあり、箱根や鎌倉など人気観光地を抱える神奈川県は外国人宿泊数で全国9位と善戦していますが、横浜は外国人観光客にとって「通過」の対象となっています。というのも、東京まで電車で20分、そして赤レンガ倉庫などの異国情緒は必ずしも外国人観光客にとって魅力的には映らないのかもしれません。横浜市は、宿泊客を増やす手段としてナイトライフの充実を目指し、カジノを含む統合型リゾート（IR）の誘致を表明しました。しかし、ギャンブル依存症などに対する懸念による住民の反対もあり、その後表明を撤回する事態になりました。

　『新・観光立国論』（東洋経済新報社、2015年）で知られるアトキンソン氏は、観光客を惹き付ける条件は「気候」「自然」「文化」「食事」の4つにあるとし、これら全てがすでに日本には揃っていると主張します。例えば、アジアには南国リゾートは多いものの、p.95にも出てきた「雪」にまつわる観光資源は希少性が高く、評価されています。訪日観光客が期待する世界無形遺産の「日本食」や、メイドインジャパン製品の「ショッピング」、自然・景勝地など、日本らしい観光のあり方を見つめるタイミングかもしれません。

8. 2018年度入試問題から

....

①実際の入試問題(波線が小学生に提示した問題)

地球環境と気候に関する以下の設問に答えなさい。

設問

図8−1は、ハワイのマウナロアで観測された 1958年から2017年までの、大気中の二酸化炭素濃度の変化を月単位で示したものである。二酸化炭素濃度は、増加と減少を繰り返しながら、全体としては増加している。この図をみて、以下の問いに答えなさい。

(1)　二酸化炭素濃度が全体として増加しているのは、主に2つの人間活動によっている。どのような活動か、1行で述べなさい。

(2)　大気中の二酸化炭素濃度が、細かく増加と減少を繰り返している現象は、どのような原因で起こっているか。2行以内で述べなさい。

(3)　図8−2は、今世紀の二酸化炭素濃度増加のシナリオである。AとDは、それぞれ人間活動と地球環境がどのようになることを予想したシナリオか。以下の語句をすべて使用して、あわせて3行以内で述べなさい。語句は繰り返し用いて

もよいが、使用した箇所には下線を引くこと。

エネルギー　　気温　　固定

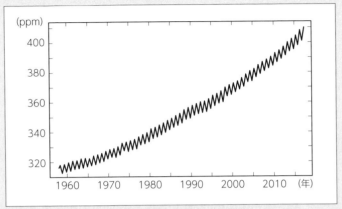

1958年3月から2017年5月までの大気二酸化炭素濃度の変化（ppm）。
米国海洋大気庁による。

▲図8-1

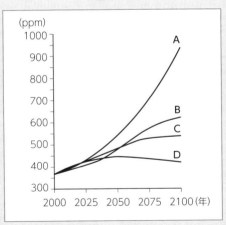

異なるシナリオに基づいて予想された、今世紀の大気中の二酸化炭素濃度変化
（ppm）。
気候変動に関する政府間パネル第5次評価報告書に基づく。

▲図8-2

（東京大学　2018年度・第1問・設問A）

②問題の概要

　地球環境と気候を扱った問題ですが、この問題のように、とくに東大地理では環境や自然災害といった私たちの生活に直結する地球的課題に対する設問が顕著（けんちょ）です。先の仮想水を扱う1節の問題（→p.23）もそうですが、4節の高潮と津波についての問題（→p.57）など、入試問題を通して我々の意識をそちらに向かわそうとするかの如くです。東大の入試問題になることで世間的な耳目（じもく）を集め、ひいてはその課題の解決策への後押しまで画策されているようです。私には単なる入試問題作成の範疇（はんちゅう）に収まらない社会的問題を提起しているようにしか思えません。実際のところをぜひ東大地理入試問題の作成陣に伺ってみたいところです。

　さて、問題についてですが(1)はとくには難しくないと思われます。何しろ地球環境問題は小学校の社会科でも扱われており、教科書にも記述があるほどです。ただ、(2)は思考力をフル回転させなければ難しいでしょう。しかし、実はこの問題は答えを知ってしまえば、なるほどと誰でも納得できるシンプルなものです。一見難しそうで実は答えはシンプル。東大地理のセンスの良さを感じさせる問題です。(3)も難しくありません。簡単なグラフの読み取りから、こうだからこう、こうだからこうと想像と創造を繰り返せば解答にたどりつけるはずです。

　(1)では二酸化炭素濃度の上昇についての理由を問うています。小学校の社会科の教科書では、おもに二酸化炭素などの温室効果ガスが地球温暖化の一因である旨は記載されていること

が多いですが、二酸化炭素濃度そのものの上昇の理由にまで言及していることは稀^{まれ}のようです。ただ、地球温暖化の話をするときに、二酸化炭素濃度が上昇しているからという説明はある意味不可欠ですから、「それでは、なぜ二酸化炭素濃度が上昇するのか」という疑問に答える小学校の先生は、決して少なくないでしょう。もちろん疑問が出る前に説明を加える先生がいてもおかしくありません。

　あるものの濃度が上昇するときの原因は、そのもの自体が多数放出されている場合以外に、どんなことが考えられるでしょうか？　ここが思考の働かせどころです。学校にある音楽室の構造で考えてみましょう。音楽室の壁には吸音材が貼られていて、少しでも室内の音が外部に漏れないようになっています。それでも室内で非常に大きな音を出せば、外に漏れ聞こえてしまうかもしれません。仮にそのような場合に、室内に吸音材が貼られていなかったらどうなると思いますか？　そうです、もっと音が漏れてしまう可能性があるということです。だとすると、この音を二酸化炭素濃度に置き換えれば、二酸化炭素濃度の上昇を抑えていた吸音材のようなものがなくなった（減った）から上昇した、と考えることができると思われます。

ここがポイント！

> あるものの数値が上昇するのは、そのものの数（量）が増えているからなのは当然だが、抑えていたものがなくなった時も上昇する。

もうお分かりだと思いますが、森の樹木は光合成を行っており、二酸化炭素を吸収してくれていたのだから、その森の木を切り倒せば、吸収できなくなり、その分濃度が上昇することになりますね。南米のブラジルなどでは、毎年膨大な面積の熱帯雨林が伐採されているようです。

　さて１つは分かりましたが、問題では２つ挙げよといっているので、もう１つ考えましょう。今度は二酸化炭素そのものを排出するものです。これは思考というより知識になってしまいますが、小学校でも教えている先生はいるのではないでしょうか。小学校のある教科書では、エネルギー消費が二酸化炭素発生の原因と指摘したりしています。ただ、ここで解答をエネルギー消費が原因としてしまうと、すべてのエネルギーを含んでしまいます。現代では太陽光や風力などさまざまな自然由来のエネルギーが活用されているわけですから、これらを活用する際に名目上は二酸化炭素は発生しません。ですから、ここでは石炭や石油などを燃やして作るエネルギーのこととなります。これら石炭や石油などの有機物を化石燃料といいますが、とくに石炭燃焼時には多くの二酸化炭素が排出されるといわれています。

③実際の小学生への問題と解答

　小学生への実際の問題は以下の通りです。グラフの説明をするために設問のリード文を借用して作成しています。

図8-1はハワイで観測された大気中の二酸化炭素の濃度の変化を示したものです。二酸化炭素の濃度は増加と減少を繰り返しながら、全体としては増加しています。この理由は主に2つの人間活動の影響です。どのような活動でしょうか？　考えて書いてください。

(2018年度・改)

●小学生にも可能と思われる解答文例

> 石炭や石油を多く使うようになったのと、光合成をする森の樹木がたくさん切られているから。

●この解答の得点

この問題の予想配点はおそらく2点です。2つの人間活動を挙げなくてはならないので、1つにつき1点ですね。

●実際の小学生の解答

主に産業を進める上でのガスや森林のばっさいによる影響が大きいと思う。

できました！

森林伐採について言及しているので、1点はもらえると思います。前半部の「産業を進める上で」という表現は間違ってはいません。確かに化石燃料の消費は産業を進める上で起こってい

ることですが、範疇（はんちゅう）が広すぎて得点を得ることは難しいでしょう。

ゴミなどを燃やしてそれが二酸化炭素になって出てくるのと車の発車するガスなどで影響している。

できました！

ゴミを燃やすことで発生する二酸化炭素と、車の排気ガスについて言及してくれました。ゴミにもよりますが、物を燃やせば二酸化炭素は発生しますし、車の排気ガスには一酸化炭素や窒素化合物などとともに、二酸化炭素も含まれています。しかも、ゴミの発生も車の走行も、人間活動であることに疑いはありません。したがって、この解答では1点はもらえるのではないでしょうか。

ゴミを燃やして二酸化炭素を出すことと、木を切って光合成をとめ、二酸化炭素を減らすことができていない影響。

できました！

光合成がとまることによって、二酸化炭素を減らすことができなくなると指摘できました。木を「たくさん切って」としてほ

しいところです。前半部のゴミを燃やす部分も、もう少しオーバーな表現が求められるでしょう。おそらく配点は２点なので、１点はいけそうです。

　私の問題文がよくなかったのか、ハワイの二酸化炭素濃度上昇の原因を問われていると勘違いしている小学生が複数いました。やはり、小学校での授業で扱われているのか、正解には至りませんでしたが、比較的ほかの問題よりもよくできていたと思われます。

④思考・想像の手順をチャートでおさらいしましょう

1 二酸化炭素濃度が上昇する仕組みを思考する

↓ 思考

2 上昇するには２種類の理由があることに気づく

↓ 知識

3 例えば二酸化炭素を放出することによる上昇

↓ 思考フル回転

4 もう１つは上昇を抑えていたものがなくなったから

↓ 知識

5 森林伐採による光合成の減少

ここでは小学校での環境についての授業の影響もあって、**3**までのステップは比較的易しいと思われます。問題は**3**から**4**、そして**4**から**5**への思考に至れるかという点です。光合成という知識は小学校でも学習するので、それがどう関わってくるのかということに気づけば、解答への道筋がはっきりします。

·····································

①実際の入試問題（波線が小学生に提示した問題）

　世界の農業に関する以下の設問に答えなさい。

設問

　図9－1は主要な植物油の世界生産量の推移を示したものである。また、**表9－1**は、**図9－1**に示した各油種について、主要国の搾油量（①欄）とその原料となる農産物の生産量（②欄）を示したものである。**図9－2**は、**表9－1**の国(a)～(d)の首都の雨温図である。これらの情報をもとに、以下の設問に答えなさい。

⑴　Ａ～Ｃに該当する植物油を、以下の選択肢から選び、Ａ－○のように答えなさい。

　　　オリーブ油　　ココヤシ油　　ごま油　　大豆油
　　　とうもろこし油　　菜種油　　パーム油

⑵　(a)～(d)に該当する国名を、以下の選択肢から選び、(a)－○のように答えなさい。

　　アルゼンチン　　ウクライナ　　オーストラリア　　中国
　　フィリピン　　フランス　　マレーシア　　メキシコ

⑶　<u>図9－1</u>にみられるように、植物油の世界的な需要は、人

口増加率をはるかに上回る勢いで増加している。その要因として考えられることを2つ挙げ、あわせて2行以内で述べなさい。

(4) **A**の原料となる作物の生産拡大が引き起こす環境問題について、下記の語句をすべて用いて2行以内で述べなさい。語句は繰り返し用いてもよいが、使用した箇所には下線を引くこと。

　　　生物多様性　　　二酸化炭素

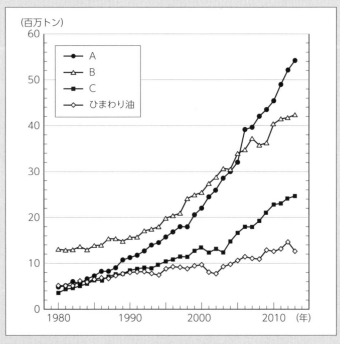

FAO資料による。

▲図9−1

▼表9−1

	A		B		C		ひまわり油	
①欄	インドネシア	49.6	(b)	24.4	(b)	22.5	(d)	25.6
	(a)	35.8	アメリカ	21.4	ドイツ	13.3	ロシア	24.2
			ブラジル	16.7	カナダ	13.0	(c)	10.4
			(c)	15.1				
②欄	インドネシア	44.2	アメリカ	34.1	カナダ	23.8	(d)	22.5
	(a)	36.5	ブラジル	27.3	(b)	21.7	ロシア	21.5
			(c)	16.6	インド	10.2	(c)	9.0

数値は2012年の世界生産量に対する各国の比率（重量比、%）。
FAO資料による。

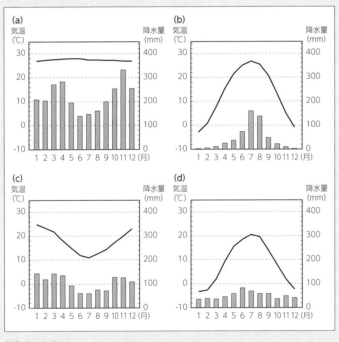

気象庁による。

▲図9−2

（東京大学　2016年度・第2問・設問A）

②問題の概要

　植物油の世界的な需要増の理由を問う問題ですが、私たちが普段生活をする中であまり意識してこなかった内容ですね。(1)・(2)とも選択肢から選ぶ問題ですが、受験生ならさほど難しい問題ではありません。(3)も高校レベルで扱う環境問題では頻出です。ここでは(3)を取り上げますが、前節（8節）の二酸化炭素濃度の継続的な上昇を扱うような問題（→p.102）は、地球環境問題に絡めて関心がもたれる分野で、小学校でも教科書に載るくらい、いわゆる多くの大人が知る問題です。ところが本問については、そもそもグラフのような事実を知っている人は多くはないはずです。このような問題こそ、想像と創造の力が必要となるのです。

　さあ、まずは植物油が何に使われるか考えましょう。問題(1)の解答は**A**がパーム油、**B**が大豆油、**C**が菜種油となります。世界的な植物油の需要に答えられるのがどの油かという判断が求められます。とくに**A・B**は2000年代に入って急増している点から、熱帯林が伐採され、植物油の原料となる植物が栽培されるようになった事実を学習していれば受験生には難しくありません。

　パーム油以外はなじみがありそうですね。パーム油は油ヤシというヤシの木からとれる油で、おもに東南アジアで生産されています。用途も幅広く、マーガリンやチョコレートなどの加工食品に使われるほか、せっけんや洗剤などの原料にも使用されています。それほど日常的な品物に使われているにもかかわ

らず、あまりなじみがないのは、食品に必ず添付されている原材料名の表記に原因があると思います。パーム油を使用しているはずなのに、表には「植物油脂」としか載っていない食品が少なくないのです。たまに「植物油脂（パーム油）」という表記を見かけますが、それでも稀です。なぜでしょうか？　これは推測の域を出ないのですが、原材料名に関心のない人にとって、「パーム油」という言葉がやや機械的に響くからではないでしょうか。「そんな機械油みたいなものを使っているのか、と思われたくない」。そんな食品メーカーの思惑があるのかもしれません。しかし、パーム油は立派な植物性の油です。とくに安全性に問題があるなどの話は聞いたことがありません。ただし、パーム油を取るための油ヤシを植えるために、熱帯雨林が広く伐採され環境破壊につながっているということは先述した通りです。そのほかの大豆や菜種、ひまわりはしっかり植物を感じさせる名前で、実際それらの名前が表記された油自体もスーパーなどで販売されていますね。

　そのパーム油を含む植物油の需要が増加しているのはなぜでしょうか？　問題文には人口増加率を上回る勢いで増加しているとありました。人口が増えれば、その分需要が増えるのは当たり前ですよね。しかし、それを上回る勢いだといわれれば、ほかの原因を考えなくてはなりません。

ここがポイント！

さあ、人間が昔より油を多く使うようになった理由はなんでしょうか？

上記のように、シンプルに問題文を置き換えて考えやすくしましょう。こう言い換えれば、小学生でも考えることができると思われます。ここで想像します。4つの植物油はどれも人の口に入るものです。ですから、人口が増えた分だけ増加したのではなくて、以前より多く使うようになったと考えられれば一歩前進です。では、なぜ多く使うようになったのか。それは私たちが口に入れるものが変化してきているからです。先ほど、チョコレートにパーム油が使われていると書きました。今までチョコレートを食べたことがなかった人たちがチョコレートを口にするようになれば、当然需要は増えます。朝食における米食よりパン食の人が増えれば、マーガリンの需要も伸びるでしょう。こうして、発展途上国をはじめ世界中の人たちの食生活の変化がこの植物油の需要を後押ししたのです。

　さて、この問題ではもう1つ理由を挙げなければなりません。こちらは小学生には難しいと思われます。ただし、受験生には必須の内容ですね。アメリカのオバマ元大統領が提唱したグリーン・ニューディールをきっかけに、世界的に穀物需要が高まりました。グリーン・ニューディールとは、地球環境保護に積極的に公共投資し、雇用を掘り起こそうというものです。2008年のリーマン・ショックによる景気後退を払（ふっ）しょくするためのもので、1930年代に当時のアメリカの大統領フランクリン・ローズベルトが唱えたニューディール政策になぞらえたといわれています。トウモロコシの価格が高騰し、日本でもそれを餌とする養鶏業者がひどく影響を受けたことを記憶されている方も多いのではないでしょうか。ここでなぜグリーン・

ニューディールを行うと穀物需要が高まるのでしょうか。グリーン・ニューディールのグリーンは、いってみれば「環境にやさしい」ということだから、バイオディーゼル燃料などにも注目が集まりました。バイオディーゼルは植物由来の石油代替燃料として期待され、そしてその素として、サトウキビなどとともにトウモロコシや大豆などの穀物も脚光を浴び、結果的に穀物需要全体が増加したということなのです。

　いずれにせよ、このもう1つの理由は知識として持っていなければ解答できない部分でした。

③実際の小学生への問題と解答

　小学生への実際の問題は以下の通りです。グラフのA・B・Cを選択させるのは、さすがに難しいので、最初から問題文で明かしました。また、「需要」という語は難しいので、使うのを避けたかったのですが、この問題においてもっともふさわしい言葉がほかに見つからなかったので、そのまま使用し、ふりがなを振りました。

　　図9－1はひまわり油のような植物油の世界生産量の移り変わりを示していて、**A**はパーム油、**B**は大豆油、**C**は菜種油を表します。このようないろいろな植物油の世界的な需要は、人口増加率をはるかに上回る勢いで増加しています。その理由として考えられることを2つ考えて挙げてください。

(2016年度・改)

●小学生にも可能と思われる解答文例

発展途上国をはじめ、いろいろな国が豊かになって、その国の人の食生活が変化して油の需要が高まったから。

●この解答の得点

　この問題の予想配点はおそらく2〜3点です。2点の場合は2つの理由が1点ずつになると思われますが、3点の場合は文全体の構成などで＋1点となるのかもしれません。この解答では、もう一方の理由に触れていませんので、よくても1点どまりです。

●実際の小学生の解答

食文化の変化によって、油の需要が増えたのと、生産量が増えたことによって、そもそも油の量がタタくなったから。

惜しい！

　「食文化の変化」という、この問題の核心部分について触れてくれました。ただ、なぜ変化したのかが書かれていないのが惜しいところです。後半部分は少し的を外れているようなので、点にはなりません。この解答で1点もらえるかどうかといったところです。

家庭や工場での技術の発展により、多くの油が必要になったことと
植物油以外の油の値段が
高くなったことが主な理由なのではないか。

惜しい！

　「工場の技術の発展」という部分をどう解釈するかによって
評価が分かれます。いわゆる潤滑油(じゅんかつゆ)などが工場で多く使われる
ようになったと解釈すると、解答の核心からは遠のきますが、
技術の発展によりバイオディーゼルを使用するような製品(自
動車)が増えたから需要が増えたという解釈であれば、正解に
近い解答となります。また、後半部分の解答も一考の価値あり
です。仮に植物油とそれ以外の油のどちらも使用が可能であれ
ば、それ以外の油が高騰すれば、それが植物油に波及するとい
う見方だと思います。可能性があるかもしれないという創造的
な考え方は、東大地理に大いに必要な力だと思われます。解釈
次第で1点もらえるかもしれない解答でした。

いろいろな世界で油が必要になっているから。
車とかで、油を使うから、たくさん油をよういしておく。

惜しい！

　こちらも植物油とそれ以外の油を混同しているようです。し

かし、先ほどの小学生と同じで、油を区別なく扱えば、「いろいろな世界で油が必要になった」から需要が増えたと捉えることもできるかもしれません。

　やや難しかったようです。問題文では油の種類まで提示して植物油を強調していたにもかかわらず、そこから食生活に関連する油という認識をしている小学生はわずかでした。問題の条件を誤ると、正解にたどりつくのは不可能になってしまいます。今回は少なくない小学生が、そのほかの工業用の油（おそらく石油をイメージしていると思われる）と混同してしまい、正解が遠のいてしまうという、犯しがちなミスを誘ってしまった問題でした。

④思考・想像の手順をチャートでおさらいしましょう

> **１** 植物油は何に使われているか

↓ 知識

> **２** とくにパーム油はマーガリンやチョコレートなどに使われる

↓ 思考

> **３** なぜマーガリンやチョコレートの需要が増えたのか

↓ 思考

> **４** 食生活の変化による需要増

思考フル回転

> **5** 多くの国で豊かになって食べるものも変化したから

　仮に**1**から**2**への部分の知識がなかったとしても、植物油は人間が摂取するものということさえ知っていれば、「食べ物に使う量が増えたんだ」、という思考は成り立つはずです。そこまでいけば、あとはなぜ増えたのかを考えて、それ以降は**4**、**5**と思考を進めることができると思われます。なお、ここではもう1つの方の理由についてのプロセスは、小学生には難しいと思われたので触れていません。

10. 1997年度入試問題から

①実際の入試問題（波線が小学生に提示した問題）

大都市に関する次の文章を読んで、以下の設問に答えよ。

江戸時代における町人の典型的な生活では、就業の場所（作業場や店）と居住の場所（住宅）とは一体であった。しかし、明治以降、近代的工場が立地するようになると、職場と住宅の共存は困難となり、通勤という就業形態が一般化した。第二次大戦後、都市における産業活動の中心が事務的部門に移るにつれて、都心地区に立地するオフィスが増え、ホワイトカラーと呼ばれるオフィス勤務者が都心地区に多く通勤するようになった。特に高度成長期に入ると大都市圏への人口流入が急増し、放射状の鉄道路線に沿う形で、住宅地が虫食い状に開発されるスプロール現象が多くみられた。このようなスプロール現象を防ぎ、大都市勤労者に必要な住宅を確保するために、大規模なニュータウンが建設された。

設問A

都心地区からの放射状鉄道が整備されて郊外との交通条件が改善されると、都市の夜間人口密度の分布は**図10－1**の**ア**と**イ**のどちらの方向へ変化すると考えられるか。適切と思われる変化を選び、**ア**または**イ**の記号を記せ。また、その理由を2行以内で述べよ。

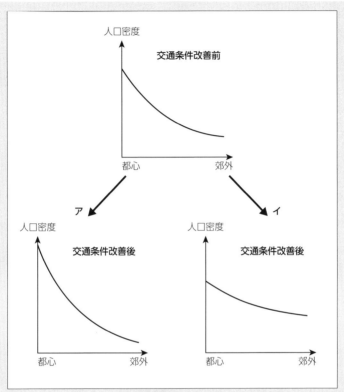

▲図10－1

設問B

スプロール現象は、都市の発展にとって望ましくないものとされている。その理由を、次の語句をすべて用いて3行以内で述べよ。語句は繰り返し用いてもよいが、使用した箇所には下線を引くこと。

　　　道路　　　公共投資　　　利便性

設問C

ニュータウンに関する以下の問に答えよ。

(1) イギリスやフランスにおけるニュータウンは、居住の場、就業の場、娯楽の場などのバランスを重視し自立的な都市として計画される。これに対して、日本のニュータウンはベッドタウン的な性格を持ち、主として居住の場としての位置づけがなされてきたものが多い。このような日本型のニュータウンの問題点を2行以内で述べよ。

(2) 20年以上前に入居が開始された大規模ニュータウンでは、全体の人口は減少していないにもかかわらず、地区によっては、小学校の統廃合がなされているところがある。このような現象が起こる理由を2行以内で述べよ。

(東京大学　1997年度・第3問)

②問題の概要

　大都市圏の開発の問題です。設問Aはグラフの読み取り問題で、難易度は高くありません。また設問Bや設問Cの(1)も地理の学習でよく触れられる部分ですから比較的易しい問題といえるでしょう。今回は設問Cの(2)を取り上げます。やや古い内容ですが、現在でも各地で課題になっている問題です。

　1960年代から70年代の高度経済成長期に、地方から首都圏に流入した人口は、都心の地価の暴騰（ぼうとう）もあり、居住先を求めて郊外へ郊外へと広がっていきました。これがいわゆるドーナツ化現象と呼ばれるものですが、居住地は郊外にあっても、職場は都心にあるため、多くの人たちは混雑した通勤電車に身を委（ゆだ）ね

なければなりませんでした。

　流入人口に対する圧倒的な住宅不足から、東京都や当時の日本住宅公団（現、独立行政法人都市再生機構）などが多摩ニュータウンなどの大規模団地を開発していきました。多摩ニュータウンは東京都西部の多摩市や八王子市などにまたがる広さで、1971年に入居が始まり、現在の居住人口は20万人余りです。全国を見渡すと、ほかには大阪の千里ニュータウンが日本初の大規模ニュータウンとして有名で、大阪府が開発主体となって豊中市や吹田市にまたがる千里丘陵を開発してできました。1962年に入居が始まり、現在の居住人口は10万人余りです。

　ほかにも神奈川県横浜市の港北ニュータウン、千葉県千葉市の千葉ニュータウン、愛知県春日井市の高蔵寺ニュータウンな

▲多摩ニュータウン（東京都提供）

どの大規模ニュータウンがあります。いずれも、規模は違えどニュータウンのような団地は、流入人口に頭を抱える大都市近県の郊外に作られていったのでした。

　さて、この問題はこのような大規模団地における小学校の統廃合の問題です。ここでいう（大規模）団地とは、多摩ニュータウンのような高層住宅が多数立ち並ぶ団地とともに、同じく大規模開発によって誕生した戸建ての分譲住宅地なども含みます。ひょっとしたら、この問題を解いた小学生の中にも、似たような経験をしたことがある人がいたかもしれません。まず、この問題文の後半部分、「小学校が廃校になったり、統合したりする」ことがなぜなのかを考えましょう。これはそれほど難しい思考ではありません。小学生がたくさんいれば廃校になったり、統合したりせずに済むはずです。ですから、この部分の解答は「小学生が減ったから」、廃校や統合が行われるようになったと考えるのが適切でしょう。

　それでは次に前半部分に戻って、なぜ全体の人口が減少していないにもかかわらず、小学生は減るのでしょうか？　結局はこれを考えることが、解答に近づくということになります。このように前半部分と後半部分を分離させて、それぞれ「なぜ」と考えれば、問題の核心部分をうきぼりにし、考えやすくなります。

💡ここがポイント！

> 問題をいくつかの部分に分けて、それぞれの理由を考える。

さあ、ここからは想像力と創造力を駆使してください。高度経済成長期に作られたニュータウンには、どのような人たちが入居したのでしょうか？　若くして都会に出てきた地方の若者が、独身時代は中心部の賃貸の部屋に住んでいても、結婚や子どもが産まれたなどの理由で、より広い住居を求めて郊外のニュータウンに引っ越す、という流れが想像できるのではないでしょうか。その時のポイントは、同じ世代の人たちがほぼ同時に入居したということです。この時期に地方の老夫婦が都会に出てきて、郊外のニュータウンに住み始めることなど稀でしょう。ですから、居住者全員がほぼ同じ世代で、年とともに同じように年をとっていったということなのです。入居当時に小学生だった子どもが卒業してしまえば数は減ります。そのまま家族全員が居住し続ければ、人口は確かに減少しません。ただ、実際には小学校を卒業して大人になった若者は、ニュータウンを出ていくようになります。その分の人口減少はあるはずですが、若干の流入世帯があれば維持できるでしょう。ただし、少子化の時代にそれらの世帯に児童数の増加を望むべくもありません。こうして、小学生数の減少は続き、結果的に小学校の統廃合へとつながるのです。

　実は私の住む場所も郊外の団地で、今書いてきたことを身をもって体験しています。この団地に住み始めた当時は同級生もたくさんいて、小学校のクラスは学年が上がるたびに１クラスずつ増えていき、マンモス校と呼ばれるまでになりました。ところが、その私の出身小学校は50年後の今ではほとんどの学年が１クラス編成という小規模校になってしまいました。そして

今では、全国のニュータウンでは高齢化が進むことによって、独居老人の孤独死などが社会問題化しています。

　それでは、こうならないためにはどうすればいいのでしょうか？　これは問題とは関係ありませんが、これこそ思考による想像と創造を進める格好の材料です。まず、問題文のような状況になったのは、ほぼ同時に、一気に同世代の人たちが入居したからでした。だとしたら、これをやめればこの問題は解決するのではないでしょうか。そのためにはどうすればいいでしょうか？　想像力と創造力を駆使して思考してください。そうです、一気に入居せずに少しずつ入居すれば、この問題は簡単に解決できます。数十年のスパンで入居が行われれば、どの世代も満遍なく居住するある意味で理想的な街ができるはずです。ただ、この問題には経済的な問題が絡んできます。団地を開発するのが民間の会社であれば、多額の費用をかけて開発した団地は、すぐにでも全部売ってしまいたいと考えるでしょう。

　ですから、全国のほとんどの団地でこの手法はとられていません。ただ、千葉県のユーカリが丘ではこの手法がとられて、現在でも活力ある街として有名です。

③実際の小学生への問題と解答

　小学生への実際の問題は以下の通りです。実際の問題とほぼ同じ文章です。ただし、ニュータウンの意味が分からない場合に備えて「（団地）」と挿入しておきました。ちなみに、この団地の意味が分からずに質問してきた小学生がいたのには驚きまし

た。確かにニュータウンの時代と違って、今自分が団地に住んでいなければ、その言葉を耳にすることは滅多にないのかもしれません。

> 40年以上前に入居が開始された郊外の大規模ニュータウン（団地）では、全体の人口は減少していないにもかかわらず、地区によっては、小学校が廃校になったり、2つの学校で1つになる統合が行われたりしています。この理由を考えて書いてください。
>
> （1997年度・改）

●小学生にも可能と思われる解答文例

みんな一緒に引っ越してきた時は子どもが多かったが、みんな年をとって高齢化して子どもは減ったから。

●この解答の得点

　この問題の予想配点はおそらく3〜4点です。もし4点であればこの解答でも1点はもらえそうです。もう少し点を上積みするには、若い世代が同時に入居したことに触れなければならないでしょう。

●実際の小学生の解答

理由、全体の人口は減少していないが、老くが多く小どもは少なくなっているから。

全体の人口が減ってなくても、少子化のえいきょうにより、子供が少なくなったから。

惜しい！

　全体の人口減はないという前提を明記して、「子どもが減っているから」と述べている部分は間違っていません。ただ、その前提となる「若い世代が同時に入居したから、同じように年を取った」という部分に触れていないので、残念ながら点はあげられません。

団地に住む子どもが減って、住む高齢者の方が多くなったから。
（少子化・高齢化）

子どもが、少なくなって来ているから

人口の割合が、大人が多く子どもが少ないから。

大人はいるが子供が少なくなっていってしまったため

子どもが少なくなりこうれい者が増えているからです。

少子こうれい化がすんでいるから。

子どもがどんどん減っているから

惜しい！

7人全員がほぼ同じ内容です。小学校統廃合の「子どもが減ったから」という理由はほぼ間違いないので、点をあげたいところですが、やはり、その前の解答と同じように前提部分がないので、残念ながら点はあげられません。

④思考・想像の手順をチャートでおさらいしましょう

```
1 a  小学校が統廃合する
```
 思考
```
2 a  小学生の数が減っている
```

| **1** b | 人口は減っていない |

↓ 思考

| **2** b | 多くは人口流出していない |

↓ 思考

| **3** b | なぜ小学生が減るか |

↓ 思考フル回転

| **4** b | みんな同じ世代がほぼ同時に入居を始めたので、同じように年を取り小学生が減った |

　ここでは2つの系統に分けて思考を進めます。**1** aから**2** aへのステップは比較的簡単です。問題は b 系統の思考ステップです。**1** bから**2** bへは人口が減っていない理由を考えるわけですから、比較的簡単です。そして、それにもかかわらず小学生が減る現状を説明できればいいのですが、最後の**3** bから**4** bへの思考は結構難しいと思われます。ニュータウンに関する地理的知識を持っていれば比較的容易かもしれませんが、そうでないと完全に想像と創造を駆使して考えることになるでしょう。

3章 東大地理の傾向と対策

　さて、実際の東大地理の問題に触れてみて、いかがだったでしょうか。東大といえど、思考を働かせることによって、比較的容易に解けるような問題も出題しているということがお分かりいただけたでしょうか。もちろんそうした問題は一部にすぎませんが、そのほかの問題も、決して「高度な専門知識」を要求するような、難問ばかりではありません。3章では、そうした東大地理入試の傾向と対策について記していきたいと思います。

1. 東大地理は易しい？

　実は東大の地理の問題は易しいのではないか？　初めてその問題に触れてから、その思いは年々強くなる一方でした。私自身は東大を受験したわけではありません。したがって地理の教員になり、現勤務校に赴任後に、初めて東大地理に出会います。そして、生徒たちに教える上で、彼らの思考の導きをする中で解答に少しでも近づかせるために、問題をどんどんかみ砕いていったのです。これはすなわちこういうこと、そしてそれはさらにこう言い換えられるよね、という風に。要するに、問題の装飾された部分、解答にはさして重要ではない部分をそぎ落としていったのです。そうすると、その結果何が残るかというと、いわゆる本質的な部分や核心的な部分が、しっかり目の前に提

示されることになります。

例えば、2章の冒頭でも取り上げたダムの問題では、最終的には「緑のダム」とは？　「白いダム」とは？　という問いにかみ砕いていきます。いろいろな表や図を読み取って、思考を巡らせることによって解答を導き出すというのが東大地理の王道の解き方です。ほとんどの問題がそうです。でも問題をかみ砕いていくと「結局この問題はこのこと（核心部分）を聞いているんだね」「でも、これって小学生でも分かることだよね？」という問題にも出会うのです。

そこで私は生徒に話しかけます。「はーい、○○さん、そもそもダムって何をするものかな？」。決して生徒を馬鹿にしているのではありません。私が小学校の先生のように話しかけ、小学生のような気持ちで答えてほしいからです。よく子どもは「純粋だ」とか、「ありのままを話す」とかいわれますが、それは子どもが自分の考えや目の前の事象に対して、まっさらな気持ちで対峙しているからでしょう。そこにはいわゆる忖度などは存在していません。地理の受験生のように、「地形がこうだから」とか、「この国の経済がこうだから」などとは考えていません。純粋に見たまま、感じたままを答えます。だから、この場合の答えとして一番シンプルなのは「水をためる」という答えでしょう。

しかし、小学生の答えは1つではありません。みんな元気よく「はい、はい、はい」と手を挙げて、ダムについてのさまざまな知識を発表してくれます。そしてさらに質問の仕方を変えていけば、「緑」や「白」のダムの意味に近づく答えを口にする子ど

ももいるでしょう。それは、結果的に東大の問題に小学生でも
アプローチできることを意味しているのです。そして、いつし
かその小学校の先生のような問いかけを、自分の授業で頻繁に
使うようになっていました。

そう考えれば、東大地理は実は易しいということになるよう
な気がします。とはいえ、小学生でも東大地理の入試問題で合
格点が取れるかといえば、かなり難しいと思われます。いくら
思考力重視といっても、基盤となる地理的知識が備わっていな
いと解けません。その意味では今回取り上げた10題は、その地
理的知識が一般常識の範囲でまかなえる問題だった、すなわち
その一般常識的部分さえ持っていれば解ける問題だった、とい
うことになると思われます。

スポンジのごとく知識を吸収しつつある小学生は、まさに毎
日のように、この一般常識的部分を吸収し続けているはずで
す。その吸収の進度の違いが今回の結果に表れたといえるかも
しれません。

2．東大地理の問題は繰り返される⁉

東大地理では同じ問題が繰り返し出題されることがありま
す。もちろん全く同じ問題が出題されるわけではありません。
同じようなテーマに基づいて、違う切り口から発問される場合
があるということです。例えば、❶2003年度の第３問・設問Ｂ・
⑵と❷2006年度の第３問・設問Ａ・⑵は問題の本質は似ていま
す。

❶2003年度の第3問・設問B・(2)

　図❶−1は、カラーテレビの国内生産額、輸出入額の推移を
みたものである。1990年以降、国内生産額が大幅に減少し、輸
入額が増大している。その理由を、下の語群より適当な語句を
選択して、3行以内で述べよ。語句はいくつ選択してもよいが、
使用した箇所には下線を引くこと。

語　群

　円高　　オイルショック　　貿易摩擦　　海外生産
　市場　　労働力　　アメリカ合衆国　　ＥＵ
　ＡＳＥＡＮ　　ＯＰＥＣ

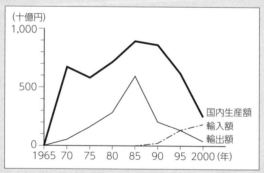

日本電子機械工業会資料による。
▲図❶−1

❷2006年度の第3問・設問A・(2)

　（表❷−1は、アジアの各国・地域におけるパソコンの生産台
数の推移を示している。表中のa〜cは、中国、台湾、マレーシア
のいずれかである）　表❷−1で、1997年には、それぞれ第2位
と第3位であった日本とシンガポールは、生産が減少傾向にあ

る。日本で生産が減少している理由を、2行以内で述べよ。

▼表❷−1

国・地域	1997年	2000年	2002年
(a)	37	247	590
(b)	150	327	373
韓国	20	74	90
日本	77	99	58
(c)	10	23	47
シンガポール	42	23	14

単位は10万台。
電子情報技術産業協会資料による。

　2003年度はカラーテレビについて、そして2006年度はパソコンについて、日本国内で生産が減少している理由を問うています。どちらも、日本の製造業が安価な労働力を求めて中国や東南アジアへ海外移転した結果であることを理解できていれば、それほど難しい問題ではありません。日本の製造業が1980年代の日米貿易摩擦や1985年のプラザ合意による円高基調によって、海外移転を進め、「産業の空洞化」と呼ばれる事態になったことは地理の受験生にとっては基本的事項だからです。

　また❸2014年度の第2問・設問A・(2)と❹2021年度の第2問・設問A・(2)も本質は酷似しています。

❸2014年度の第2問・設問A・(2)
　図❸−1は、アメリカ合衆国を中心とする2008年における音声電話の通信量の分布を示している。ここでの音声電話は、電話専用回線での通話と、インターネットの回線を用いた通話の

両方を含む。2つの国・地域を結ぶ線が太いほど、それらの国・地域の間の通信量が多い。この図は海底ケーブルなどの主要な長距離の通信路線を対象としており、短距離の通信路線を用いた通話(たとえば日本と韓国の間の通信)は示されていない。

　近年、アメリカ合衆国とインドとの通信量が急増しており、図❸－1によると、日本・韓国・中国との通信量に比べてかなり多い。この理由を2行以内で述べなさい。

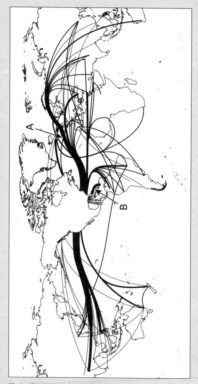

TeleGeography社資料による。

▲図❸－1

❹2021年度の第2問・設問A・(2)

　国連憲章が規定する国連の公用語は、（　**ア**　）、フランス語、ロシア語、英語及びスペイン語の5ヵ国語であるが、今日では、（　**イ**　）を加えた6ヵ国語が、総会や安全保障理事会の用語として用いられている。世界の言語状況をみると、これら6ヵ国語以外にも、広大な国土の広い範囲で、あるいは国境を越える広い範囲で、異なる母語を持つ人々の間で共通語通商語として用いられている言語が存在する。東アフリカのタンザニア、ケニア両国で国語となっている（　**ウ**　）がその代表例である。

　インターネットの普及は、国際社会で使われている言語の状況にどのような変化をもたらしたか、1行で述べなさい。

　2014年度はインド・アメリカ間の音声電話の通信量について、その突出ぶりの理由を、そして2021年度はインターネットの普及によって国際社会の言語環境がどう変化したかを問うています。英語が準公用語となっているインドでは、英語を話せる人々が多く、複数のアメリカ企業がコールセンターを設置しているので、通信量が必然的に多くなります。アメリカ人がある製品の問い合わせをするために、メーカーの指定の電話番号にかけたら、実はインドにつながっていたというわけです。このことに加え、インドとアメリカは、時差によってちょうど昼夜が正反対になることや、インドにおける労働力が安価であることなどが2014年度の解答の根幹になります。そして、2021年度の問題もグローバル化によってインターネット上で英語が重

要視されるようになったことが解答の要(かなめ)で、どちらの問題もポイントは英語にあったといえるでしょう。実はこれらのこと自体は入試問題としては頻出で、地理の受験生にとっては、なかば常識化している内容です。ちなみに2021年度の**ア**は中国語、**イ**はアラビア語、**ウ**はスワヒリ語です。

このような問題などは本書に記す小学生でも解ける問題と同様で、以前の設問の核心部分さえ理解していれば、あとは、そこから思考を発展させ、想像と創造を駆使して推測すれば解答に至ることができるはずです。

東大地理ではこの例以外にも、過去に出題された問題と似たテーマによって出題されることが頻繁にあります。ですから、受験生は過去問をしっかり分析しておくことが必須です。

3. 共通テストと東大地理

「はじめに」でも触れたように、共通テストを新たに実施する上でのコンセプトは、「思考力・判断力・表現力」を従前より重視して評価するという点ですが、実は地理に関してはセンター試験の時代から、そのコンセプトとほとんど変わらない内容が出題されていました。ですから、上から目線というより地理から目線で恐縮ですが、「やっと時代が地理に追いついた」といったところでしょうか。センター試験の時代から地理の問題は東大地理に見られるように思考力を重視した良問揃いであったということです。なかには、❺2018年度実施のいわゆるムーミン問題（第5問・問4）のように議論を呼んだ出題もありました。

　ヨシエさんは、3か国の街を散策して、言語の違いに気づいた。そして、3か国の童話をモチーフにしたアニメーションが日本のテレビで放映されていたことを知り、3か国の文化の共通性と言語の違いを調べた。次の**タ**と**チ**はノルウェーとフィンランドを舞台にしたアニメーション、**A**と**B**はノルウェー語とフィンランド語のいずれかを示したものである。フィンランドに関するアニメーションと言語との正しい組合せを、下の①～④のうちから一つ選べ。

スウェーデンを舞台にした
アニメーション

スウェーデン語

「ニルスのふしぎな旅」

それ　いくら？
Vad kostar det?

アニメーション		言語	
タ	「ムーミン」	A	いくらですか？ Hva koster det？
チ	「小さなバイキング　ビッケ」	B	いくらですか？ Paljonko se maksaa？

	①	②	③	④
アニメーション	タ	タ	チ	チ
言　語	A	B	A	B

　この問題は、フィンランドが民族的・言語的にほかの北欧諸国とは異なっているということを問うものです。「ムーミンは空想世界の物語だから、それがすなわちフィンランドとはいいきれない」「原作者であるトーベ・ヤンソンはスウェーデン語

で記しており、北欧社会の実像を反映していない」などの指摘もありましたが、問題の意図としては言語の類似性から思考力を駆使して判断させる難易度の高くない問題だった思います。しいて気になる点を挙げるならば、「ムーミン」にしろ、「小さなバイキング　ビッケ」にしろ、昭和のテレビアニメ（もちろん原作が存在します）で、現代の受験生にはなじみがなく、とっつきにくかったのではないかと感じました。実は私は幼少期にこれらのアニメをリアルタイムで見ているので、よく知っていました。いずれにせよ共通テストの地理（センター試験の地理）は、一般的には図表やグラフの読み取りをもとに、地理的知識と照らし合わせて思考し解答を導くという、まさに東大地理の王道の解答方法と同様な道筋を経れば、解答にたどりつける良問ばかりだったと思います。しかも、問題の難易度もそれほど変わらないと思います。

　それでは共通テストの地理と東大地理の何が異なるかというと、簡単にいってしまえば共通テストは解答が与えられていて選択するのに対して、東大地理はそれを自分で作文する、という点です。ですから、私も口を酸っぱくして「東大の地理は、共通テストの選択肢を自分で考えればいいだけだ」と受験生に伝えていました。実際の共通テストの地理の問題は、問題主旨に該当する正しい図表やグラフの選択肢の組み合わせを解答させることが多いのですが、中には正誤問題のように「正しい文を選べ」や「適当でない文を選べ」といった出題もあります。この時の「正しい文」や「適当でない文以外の文」（＝「正しい文」）が東大地理では解答になり得るということです。しかも、共通テ

ストの選択肢の文は50字前後のことも多く、まさに東大地理で多く求められる「２行以内で」＝「60字以内で」（東大入試では１行＝30字）と同等の文章量になるのです。ですから、共通テストやセンター試験の過去問をやることが、東大地理の演習にもなり得るのです。共通テストやセンター試験の過去問を演習するときは自分で解答となり得る文を作成してみるのも１つの勉強方法でしょう。

　例えば、❻2019年度のセンター本試験の地理Ｂの第１問・問５は、❼2021年度の東大地理入試の第１問・設問Ａ・⑴と一部内容が酷似しています。

❻2019年度センター試験　第１問・問５
　北極海の海氷分布域は季節変動し、９月に最小となる。次の図❻－１は、北極海および周辺地域における海氷分布について、2012年９月の分布域と、1981〜2010年における９月の平均的な分布域の境界線＊を示したものである。図❻－１に関して、北極海および周辺地域の環境変化やその影響について述べた文として下線部が適当でないものを、下の①〜④のうちから一つ選べ。

　＊中央値を用いて推定したもの。

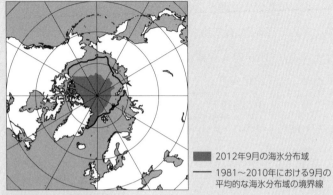

緯線は15°、経線は30°間隔。
地図は、正積図法で描かれている。
National Snow and Ice Data Center, University of Colorado Boulder の
資料により作成。

▲図❻-1

①　永久凍土の融解によって地盤が軟弱化することにより、道
　路などの社会基盤（インフラ）や建造物が被害を受ける。

②　海氷が融解することにより、北極海を経由する航路が形成
　されると、東アジアとヨーロッパを結ぶ船舶による航行距離
　が短縮される。

③　海氷の分布域が縮小することにより、海氷上の移動をとも
　なう伝統的な方法による狩猟が困難になりつつある。

④　海氷に覆われる期間の短期化による北極海沿岸での海岸侵
　食の進行は、東シベリアよりもグリーンランド北部で著しく
　なる。

❼2021年度の東大地理入試の第1問・設問A・(1)

　気候変化に対する国際的な枠組みとして、2016年に発効したパリ協定は、地球の平均気温上昇を産業革命前に比べて2℃未満に抑制することを目標として掲げている。しかし、現在すでに、平均気温は産業革命前に比べて1℃上昇している。気温が上昇すると、降水量も変化する。国連の特別報告書では、X気温と降水量の変化は地域によって異なることが予想されている。地球の平均気温上昇を2℃未満に抑制するためには、今世紀末までに二酸化炭素の排出を実質0にしなければならない。しかし20世紀後半以降、二酸化炭素排出量は増え続けている。

⑴　下線Xについて、地球の平均気温が2℃上昇するとき、気温がとくに変わるのは、図❼-1のような地域であると予想されている。また、地球の平均気温が2℃上昇するとき、降水量がとくに変わるのは、図❼-2のような地域であると予想されている。

　気温が3℃以上上昇する地域では、陸と海とにそれぞれどのような影響が現れると考えられるか。以下の語句をすべて使用して、あわせて3行以内で述べなさい。語句は繰り返し用いてもよいが、使用した箇所には下線を引くこと。

　　　航路　　　資源　　　地盤　　　生態系

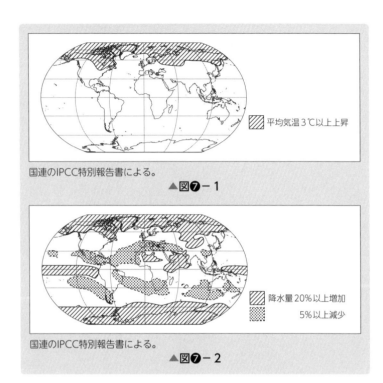

国連のIPCC特別報告書による。

▲図❼−1

国連のIPCC特別報告書による。

▲図❼−2

　❻のセンター試験の問題は適当でない文章を４つの中から選択する問題ですから、残りの３つは正しい文章です。この選択肢の①〜③の文章は正しい文章で（よって解答は④）、この３つを合体させて字数を調整すれば、そのまま東大の問題の解答に使えます。巻末の解答例（→p.190）に載せましたので確かめてみてください。

4. 東大生のノートは美しい!?

　以前、太田あや氏の『東大合格生のノートはかならず美しい』（文藝春秋、2008年）という本が話題になりました。この場合の「美しい」というところの意味は、「必須事項が網羅され、しかも無駄がない」「図表などが適切に用いられ、関係性が容易に理解できるように工夫されて記されている」といったことと推測されます。もちろん見た目の「美しさ」も大事ですが、絶対ではないと思います。

　字はきれいに越したことありませんが、汚くてもいいのです。自分のノートなのですから人に見せるものではありません。ですから、最低限自分がしっかり読めればいいと思います。また、カラフルにすることによって、見た目が美しくなることもありますが、もちろんこれも必須ではありません。色を使ってポイントとなる点を際立たせたり、分かりやすくしたりするための工夫ですから、自分があとで見返したときに、ぱっと理解できるようにすればいいのです。繰り返しますが、あくまで「自分の」ノートです。見た目にこだわらずに、自分がよければそれでいいのです。ただし、そのノートが本当に「美しい」かどうかは、上述した内容がしっかり書き込まれているかということにつきます。

　私も東大に合格した生徒何名かに、地理のノートを卒業後に寄贈してもらって保管していますが、確かにそれらは「美しい」。昔は「凄い」と形容していましたが、「美しい」の方がしっくりくるように感じます。それほどまでに、迫力の充実した

ノートなのです。私が授業中に解説したことを全てメモしています。もちろん、ただメモしているだけではありません。私が伝えたかった一番の核心部分がしっかり網羅され、しかも整理されて序列化されている。それでいて無駄がない。見るからにためになりそうなノートです。

　そのようなノートを自分で作成することのメリットは、作成した段階で既に内容が頭に入っているということです。実践した（している）人も多いかもしれませんが、とくに必須項目が多く、その関連性が重要な意味を持つ教科である社会科系の科目では、整理ノートを作成することが勉強には最適です。整理ノートというのは教科書や参考書の丸写しではありません。自ら地道に重要ポイントを抽出し、それに関係する事項を紐づけて記入していく。ノートのどの部分に何を書けばよいか、書き留める時には事象の関係性がすでに頭に入っている状態になければなりません。さらに、場合によっては表や図を作成して貼り付ける。それらの動作１つ１つに取捨選択も伴います。ノートの作成者はそこで「考えて」判断しているのです。整理ノートというのは、頭の中を整理した結果の産物です。これが、整理ノートの作成が勉強に効果的だといわれる理由の１つです。

　自分が精魂込めて作成した整理ノートこそ、「my note」と呼べるものです。そのノートの作成完了で受験勉強のインプット段階（知識として理解しておかなければならない段階）は終了です。次に訪れるアウトプット段階（過去問や演習問題を解いて自分の実力を確認し、ブラッシュアップする段階）で、確認の必要が生じたときには、教科書や参考書ではなくこの「my note」に戻ります。仮にそのノートを紛失したらもう途方に暮れる、もはや勉強ができなくなってしまう……。それほどまでに充実した整理ノートを作成することが、受験における極意ともいえるでしょう。そして、「美しい」ノートを作成できる能力は、頭の中を整理整頓して、関連事項を紐づけて理解することができる能力と言い換えてもいいでしょう。筋道だった合理的思考のできる東大合格生のノートがかならず「美しい」のは、ある意味必然なのかもしれません。

　最後に、私の勤務校から東大に合格したＡさんとＢさんのノートを次のページに掲載しておきます。要点をぎっしりと詰め込んで書かれており、図の部分は（紙面の都合上モノクロですが、実際は）カラフルで理解しやすくなっています。おそらくＡさん・Ｂさんとも、このノートや図が完成した時点で内容を全て記憶してしまったと思われます。もし、部分的に忘れたのなら、この信頼のおける自分のノートや図を見返して再確認するだけで済むでしょう。

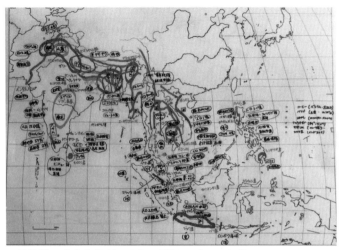

▲勤務校の東大合格者Ａさんの「美しい」ノート①

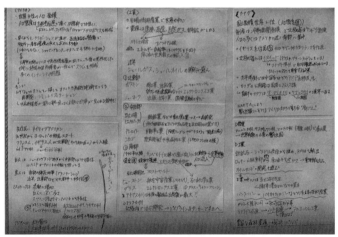

▲勤務校の東大合格者Ａさんの「美しい」ノート②

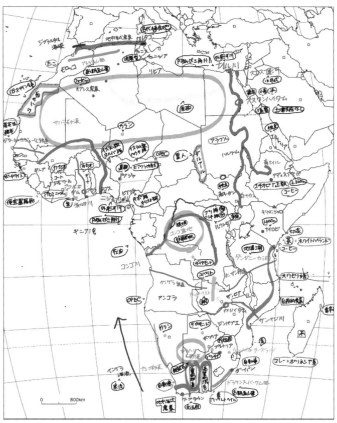

▲勤務校の東大合格者Bさんの「美しい」ノート

4章 思考力を育てよう！

さて、1章～3章では、「東大地理」に焦点を当ててお話ししてきましたが、4章では、「思考力」そのものについて、私が考えていることを記して、本書を締めくくりたいと思います。

1. 思考力について

①思考力とは？

さて、思考力といっても、何に重きを置くかによってその定義はさまざまです。ここでは思考力の定義などという大判な言葉を使うよりは、「思考力とは」といった形で気軽に私なりの考えを記したいと思います。もちろん、本来は一言で表すことができるような浅薄なことではありません。しかし、ここであえて表現させてもらうとするなら、「疑問や課題に対して順を追って発展的に考える力」「今あること（もの）から、次のステップに続く事象を生み出す（考える）力」といったところでしょうか。こうして言葉に表すと曖昧さが残ってしまいますが、いずれにしても、「もとになる事柄から発展的に考えて、次なることや新しいこと（考え）を生み出すことができる力」のような気がします。そしてその基礎となるのが、本書で繰り返してきた、想像力や創造力であるといえるのではないでしょうか。それでは、それらの力をどのようなタイミングで、どのような方法で身に

つけるのか。一朝一夕にはそのような力はつきません。おそらく、長年にわたる多くの自発的な生活体験や勉強体験を通じて培（つちか）われるものなのでしょう。

　だとすれば、どのような生活や勉強が必要なのでしょうか？子どもはよく親に「なぜ〜なの？」「〜はどうして？」と質問しますが、親が面倒だからと曖昧な答えで終わらせるのはもったいないですね。ぜひ丁寧に質問に答えてあげて欲しいと思います。仮に自分でもわからない内容だったら、「一緒に調べてみよう」と誘ってあげることで、むしろ想像力と創造力を鍛え、知識も身につく一石二鳥の絶好のチャンスとなるでしょう。

　大人の場合は普段生活する中で、思考力をつけるためという目的意識をもって常に行動するのでは、何となく息苦しい気がします。ただ、皆さんは誰でも生活の中で何気なしに思考を巡らせています。そうした何気ない思考について、少しだけ順序だててプロセスを意識すれば、それは立派な思考力のトレーニングになりうるのです。具体的な事例は、2節（→p.159）でご紹介しましょう。

②思考力と観察力

　思考のためにはまず観察が重要です。というよりも、観察した結果、思考が始まるといってもいいでしょう。見聞した事柄に対して、「なぜ？」「それはどういうこと？」といった疑問が湧かなければ思考は始まりません。そして、その疑問の発端は「違和感」でしょう。世の中を注意深く見回すと、違和感を覚えるこ

とは多々あります。例えば、閑静な高級住宅街に突如として大きな音をまき散らすような施設が建設されれば、誰でも違和感を覚えるでしょう。しかし、喧噪な駅前だったらどうでしょうか？　ほとんどの人にとって、違和感はないかもしれません。では、その中間のような場所だったら？　違和感を覚える人とそうでない人に分かれるかもしれません。違和感や疑問というのは人それぞれの観察度合いや好奇心によるところが大きいでしょう。好奇心のあるなしが生来のものかどうかは分かりません。多くのことに興味を持たなければいけないわけでもありません。ただし、観察力はないよりあったほうがほうがいいと思います。人と人との関わり合いの中で生活する現代社会では、一歩間違えると事故にあったり、また自分にとって都合の良いせっかくの機会を逃してしたりしてしまうこともあり得るからです。前を走る車がふらついたりしていれば、車間距離を取った方がいいし、電車内の広告でお得な切符の存在を知って、リフレッシュの旅に出かけることができるかもしれません。観察から得られる情報の格差が人生を左右する可能性すらあるということです。某テレビ番組の女の子に「ボーっと生きてんじゃねーよ！」と叱られないようにしたいものです。

③思考のプロセスをたてる

　さて、違和感が生じて「なぜ？」という疑問に昇華されれば、その疑問を解決するための思考が始まります。

　先述した東大地理の問題では、フローチャートを用いて解答

への道筋を確かめました。日常生活の中で覚えた違和感や疑問の解決手段も、東大地理を解く時と同じです。東大地理では疑問が設問という形で始めから用意されていますが、普段は自分で設問を作って自分で解答を導く作業を行うということになります。

　AがBだからC、そしてCだからD、DだからEとプロセスを追って飛躍に注意しながら思考しましょう。しっかりと順序だてることによって、解決への道しるべが浮かび上がってくるはずです。そうなればしめたもので、あとは自らの知識で補完して解決へと進むだけです。

④思考力のための知識の吸収

　解決への補完として重要な知識についてですが、これも一朝一夕に蓄えられるわけではありません。ただ、個人的には日常生活における必要な簡単な知識は、ほぼ新聞から吸収できると考えています。もちろん、「研究」といった類の専門分野への言及は、新聞程度では歯が立ちません。しかし、社会生活を送る上でのちょっとした違和感や疑問を解決するための知識は、新聞で十分事足りると思います。ただし、毎日目を通さないと効果はありません。手前味噌になりますが、私は高校生の時から新聞を1日も欠かさず読んでいます。長期の出張の時でさえ、1週間分だろうが2週間分だろうが取っておいて、帰宅後にすべてに時間をかけて目を通します。結果、かくもさしたる実績もない地理教員でも、なんとか社会生活を送ることができてい

ます。新聞は最新の知識を、しかも幅広く与えてくれます。時事問題や政治経済問題はもちろん、スポーツや巷（ちまた）の話題なども取り上げられています。さらにいわゆる文化面では自分の興味関心の薄い分野との出会いも演出してくれるし、書評欄を開け

▲新聞広告「めでたし、めでたし？」
（©日本新聞協会、2013年「新聞広告クリエーティブコンテスト」受賞作品）

れば読みたい本が目白押しになってしまいます。記事を読んで涙を流す時もあります。加えて、目を見張るような広告に出会い、心動かされる時すらあります。たかが広告と言うなかれ、10年近く前に、「ボクのおとうさんは、桃太郎というやつに殺されました。」というキャッチコピーで有名になった新聞広告は、見た途端に教材として「使える！」と思いましたが、その後、中学教員の手によって実際に道徳教材にまで発展しています。

　そして私にとっての最近のヒットは、今年（2022年）の年明けすぐの新聞に掲載された宝島社のものです。「男でも、首相になれるの？」というドイツの子どもたちの疑問をキャッチコピーにしていました。これだけで鳥肌が立ちそうです。しかも、この広告は新聞両面、見開きの全面広告で、背景はおそらくメルケル前首相のスーツ姿の一部でほぼ真っ赤です。

　どれだけのインパクトがあるか想像に難くありません。当然

▲宝島社企業広告「男でも、首相になれるの？」（日本新聞協会提供）

ですが、このコピーはドイツの前首相が女性であって、しかも10年以上も務めていたという知識がなければ理解できません。例えば、ドイツの6歳の子にとっては生まれた時からずっと自国の首相は女性だったわけですから、冒頭のような疑問が出てもまったく不思議はないですね。「首相は男性で当然」という無意識の思い込みを、見事に打ち砕いてくれました。我々が普段何気なく「○○はこうあって当然」という思い込みに警鐘(けいしょう)を鳴らしてくれた好例といえるでしょう。

　この広告があまりに衝撃的だったので、学校の担当学年の教室の前の廊下に「常識を疑え！」というタイトルを勝手に付けて切り抜きを張り出してしまったほどです。ちなみに宝島社の広告はメッセージ性の強い秀作が多く、数年前にはベルリンの壁崩壊時の写真をバックに「ハンマーを持て。バカがまた壁をつくっている。」という全面広告も出しています。

▲新聞広告「ハンマーを持て。バカがまた壁をつくっている。」
(宝島社提供)

これも人種や宗教などさまざまな分野で分断が起こった当時の世相とともに、もちろん養老孟司氏の著作『バカの壁』(新潮社、2003年)と掛けているでしょうから、それらの知識がないとその醍醐味が分からないですね。

2. 日常生活の中での思考体験

　最初にお断りしておきますが、これから述べる思考体験とその方法は、完成されたメソッドでも何でもありません。そして、その時々の状況に応じて、いろいろな思考プロセスを勝手に名付けて紹介しています。ですから、用語の使い方が統一されていなかったりする場合もありますし、この方法にあてはめて思考しようとしても、うまくいかない場合もあるかもしれません。あくまで1つの思考の例であるということを、ご了解いただければと思います。

①パターンを読む思考
——前を走る車は次の丁字路を右折？　左折？

　私は学校まで車通勤をしていますが、その車中でも想像力や創造力をつけることができる時はいくつもあります。例えば前を走る車が次の丁字路を右折するか左折するかを考えてみることなどです。知り合いの車でもない限り、前の車が右折するか左折するかなんて分かるわけないと思っているかもしれませんが、そうでもありません。ある一定の条件のもとではかなり高

い確率で当たります。その条件とは、その丁字路付近の地図が頭に入っているということです。要するに土地勘のある場所であるという条件付きです。タネ明かしをすれば、「なーんだ」と思われるかもしれませんが、当然解答に至るまでに思考を巡らせなければなりません。想像力や創造力に今回は注意力も必要です。

　まず前を行く車が、いつから自分の前を走っているのかを、注意して理解しておく必要があります。それはその車が「どこから来たのか」を示すからです。例えば、ある丁字路で自分が左折しようとしていた時に、右折を待っていた対向車が、自分の左折より先に右折をしたとします。当然自分の車は左折後にその車の後ろを走ることになります。外からは仲良く追走しているようにも見えますが、前の車は正反対の方向から来た見ず知らずの車です。さて、次に現れた交差点はまた丁字路でした。前の車は右折するでしょうか、左折するでしょうか？　そんなこと、車の運転手にでも聞いてくれと言われそうですが、答えはかなりの確率で「左折する」です。2回続く丁字路で2回とも右折をしたら、元の方向に戻ってしまうからです。一般的に考えれば、そのような無駄な走り方はしません。

　ただ、この解答は時と場合によっては正解の確率が変わってきます。いろいろなファクターを鑑みながら、想像と創造を繰り返します。例えば、これが平日の夕刻であれば、帰宅時間帯ですから、まず左折は間違いないでしょう。途中に寄り道をするような場所がなければ、みな最短距離で帰宅しようとするからです。ところが、これが休日や観光地だったらどうでしょう

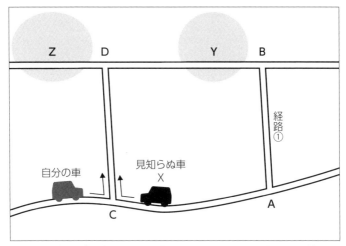

見知らぬ車Xがy方面を目的地としていたなら、通常ならA地点で右折して経路①を通り、Bの丁字路を左折する方が理に適っている。従ってC地点で右折しようとしていたXはZ方面に目的地があると考えられ、Dの丁字路は左折する可能性が高い。

▲イメージ図

か?　ぐるぐる周回するドライブ中だったり、道に迷った観光客が運転していたりするかもしれません。ですから、その場合は「左折する」確率は低くなる可能性があります。

逆にその車が会社名を記した商用車で、その会社の所在地や営業所の位置について知っていれば、さらに確率を上げて正解することができます。仕事中の商用車が無駄な動きをするとは考えにくく、常に最短距離を走行しようとするはずだからです。

以上のように、時間や場所、対象車の属性なども含めてトータルに思考することによって、いろいろな場所で前を行く車の右左折を当てることができます。私は、「ほら、左折だ。当たった！」と車内で独り言を言いながら、そんなどうでもいい想像

と創造で、毎日の車通勤に楽しみを見出しています。

②連想する思考
── 路線バスから化学と世界経済を知る!?

　前述のように私は自家用車で通勤しています。もう30年近く
もほぼ毎日同じ道を走っていますが、日々いろいろな発見があ
ります。例えば、先日朝の通勤で片側2車線の道路の信号待ち
で、路線バスの隣に並びました。ふとバスのほうに目をやると、
車体の横に小さな扉のようなものがあって、そこに「尿素水」と
書いてあるではありませんか！　どう見てもその小さな扉は、
表示してある液体を内部に注入するための入り口のようです。
「バスが尿素水を飲み込むのか！」「そもそも尿素水って何だ？」
「まさか『おしっこ』ではないよな」とまあ、さっそく好奇心全開
です。尿素からすぐに「おしっこ」を連想するのは知的レベルが
低すぎますが、とにかくバスと尿素水でいかなる関係があるの
か。例によって思考が始まりました。

```
私の車には尿素水など必要ない(比較事実)
```

```
だから一般の乗用車には関係なくバス特有のもの
(事実からの推測)
```

```
バスと私の車との違いは車体の大きさやエンジン(選択肢)
```

車体の大きさに尿素水は関係なさそうだからエンジンか？
（選択肢を絞る）

となるとバスはディーゼルエンジンを積んでいるはず
（知識）

ガソリンエンジンとディーゼルエンジンの大きな違いは
燃料と排出ガス（選択肢）

ディーゼルエンジンの排出ガスが汚いのは知っている
（知識）

ディーゼルエンジンのポテンシャルを上げるために
尿素水を添加するのか（推測の１つ）

そんなのは聞いたことはないから、ディーゼル特有の
排出ガスと関係する？（選択肢を絞る）

尿素水が排出ガスを浄化する？（最終推測）

　と、さすがに尿素がなにものかも分からない私にはこれ以上
先へは進めませんでしたが、これには正解があるはずです。職
場に到着してネットで検索すると、すぐに解答がでてきました。
　この仕組みは尿素SCRというそうで、ディーゼルエンジンか

ら出る窒素酸化物を分解するために、アンモニアから尿素水を作り出して窒素酸化物に含まれる一酸化窒素と二酸化窒素を無害な窒素と水に還元するのだそうです。おそらく化学の先生なら化学式を用いて説明してくれるのだろうなと思いながらも、残念ながら私にはその化学式も理解できないだろうから、ネット記事の解説で十分でした。とにかく今回の結論は、確かに尿素水がディーゼルエンジンの排出ガスを浄化するということでした。

ところが、その記事にはもう1つ面白いことが書かれていました。その尿素水が韓国で不足しているというのです。「なぜ?」とここでまた好奇心が全開したのですが、今回は思考を始めませんでした。なぜなら答えがすぐそこに書いてあったからです。考えるより先に解答が欲しくなりました。記事の続きを読むと以下のようなことが分かりました。

韓国ではアンモニアを自国生産していない

なぜならコストがかかり、輸入したほうが安いから

最大輸入先の中国は石炭からアンモニアを生産している

中国の石炭輸入先のオーストラリアとは関係が悪化しており、石炭が不足気味

中国はアンモニアを輸出禁止とした

そもそも韓国では乗用車のディーゼルエンジン車も多い

韓国で尿素水が不足した

　さてここで新たな疑問が生じます。

①コストがかかるというのなら日本はどうしているのか？

②さらに日本ではほぼ消滅したディーゼルエンジンの乗用車が韓国で多いのはなぜか？

　実は①の件は記事中に記載があり、日本では作物肥料として有用なアンモニアを安定供給するために、コストがかかっても生産プラントを維持しているということでした。それでは、「韓国では肥料はどうするの？」という疑問が新たに湧いてきますが、ここでは置いておきましょう。ただし、日本でのアンモニア生産プラントについては、もう少し突っ込んでその経済性などを検証する必要がありそうです。

　また、②についてもここでは取り上げませんが、追及するには面白そうなテーマです。

　そしてもう1つ、この件は重要な案件を示しています。2022年現在、中国とオーストラリアの政治的関係は冷え切っています。原因はオーストラリアが新型コロナウイルスの発生源について、調査を要求したことに対して、中国が貿易制裁を課した

ことです。このことが韓国に尿素水の不足という事態を引き起こしているのだそうです。

　バタフライエフェクトという言葉があります。「蝶の羽ばたきが、どこかに嵐を巻き起こす」ということで、些細な出来事が、最終的に嵐のような大事にまで発展するといった意味合いです。今回は大国の貿易問題が、韓国のディーゼル車のオーナーを悩ませているということですから、むしろ逆バタフライエフェクトといえるでしょうか。もっとも、現代はそのバタフライエフェクトと逆バタフライエフェクトが何層にも重なって入り組み、混沌とした世界と表現したほうがしっくりくるでしょう。いずれにせよ、まさにお互いの事象がリンクしていて、グローバル化した現代をみる面持ちです。環境問題から発生した尿素水の生産は、その原料供給の資源貿易問題となるという連鎖的なグローバルレベルの問題となりました。こうなると東大地理で扱われてもおかしくないといえそうです。「バスに尿素水」という何ともいえない違和感が、ここまで学びを広げてくれたという好例でした。

③既存の知識を活用する思考
——アイドリングストップとトルコ国旗

　今から30年ほど前のことですが、ドイツ国内を自動車で観光して回りました。南部にある有名な古城を見学後、駐車場に止めてあった車に乗り込み、さあ出発という段になり、エンジンをかけたところで、同行者がトイレに行くといって一旦車を降

りました。私は当然のように車内で待つことになります。すると、1分もたたないうちにドイツ人男性が近寄ってきて、車の外から何やら言っています。窓を開けて話を聞きますが、ドイツ語なので何を言っているのか分かりません。でもやや怒った口調です。その時、私の思考回路が瞬時に働きました。その当時から「ドイツ＝環境大国」というのは地理の教員にとっては常識的でした。そして自動車の排気ガスが温暖化の原因の1つだということも。ほんの一瞬でそれらがつながり、そのドイツ人の言いたいことが理解できました。

　今でこそ日本でもアイドリングストップという言葉が知れ渡り、地球環境のためにも駐車場ではエンジンを停止するというのは、半ば当然のように意識されていますが、それでもまだコンビニ等の駐車場でエンジンをかけっぱなしにして店内に入る人をよく見かけます。ところが、ドイツでははるか昔から、アイドリングストップが徹底されていたのでしょう。ひょっとしたら、そのドイツ人だけが意識が高かったのかもしれません。だとしても見ず知らずの外国人（＝私）に注意をするわけですから、やはり環境保護の意識レベルが違うとみるべきでしょう。私がエンジンを止めると満足そうにその男性は去っていきました。以上の思考プロセスをたどるとこうなります。

駐車場で車のエンジンをかけっ放しにした

ドイツ人が怒った口調で何かを言ってきた

ドイツは環境大国（知識）

↓

おそらくアイドリングストップ（エンジンを切れという）
のことだろう（推測）

　そして今から十数年ほど前に今度は列車でドイツを巡りました。その時、ある都市に到着して、地下鉄の切符を買うために券売機の前に立って若干戸惑いました。当然のことですが、何しろすべてドイツ語表記です。さて困ったと思いながらよく見ると、券売機のディスプレイの中にいくつかの国旗が張り付けてあります。

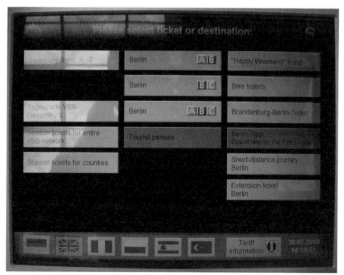

▲ドイツの地下鉄の券売機（主著者撮影）

そうです。言語表示を変更できるようになっていたのです。幸い英国国旗がありましたので、それを選択してなんとか事なきを得ました。でもふと見るとさすがドイツです。フランス国旗やイタリア国旗に混じって、トルコの国旗があるではありませんか。不思議に思う人もいるかもしれませんが、このことも地理教員なら瞬時に理由が理解できると思います。ドイツでは第二次世界大戦敗戦からの復興のために、大量のトルコ人を労働力として受け入れたのです。ですから、今でもドイツ国内にはトルコ系住民がたくさん住んでいます。要するに、券売機のトルコ語表示はドイツでは当然の措置なのです。ちなみに日本のJRの切符券売機などでも英語や韓国語、中国語を表示させることができます。それはすなわち、日本において、それらの言語を使う人も多く存在しているということですね。

　思考プロセスはこうなります。

切符の券売機にトルコ語表示があった

トルコ語使う人（トルコ系住民）が多い

戦後の復興のための労働力として受け入れた
（既存知識の確認）

④電車から見える風景で培う思考力

　電車に乗っていて鉄橋で川を渡った時、なぜそこに川が流れているかを考えたことはあるでしょうか？　人工物ならともかく、自然造形でさえ、その場所にそのような形で存在しているのは理由があります。

　人工物ならもっと簡単です。例えば、私はよく授業中に「なぜうちの学校（公文国際学園）はここに建っているのか？」という質問をします。これは当然、創立者の意思によるところですが、その理由を想像と創造で思考を巡らして推測することは比較的容易です。公文国際学園中等部・高等部は公文式の創始者である公文公（くもんとおる）が、公文式教育を取り入れた学校として1993年に横浜

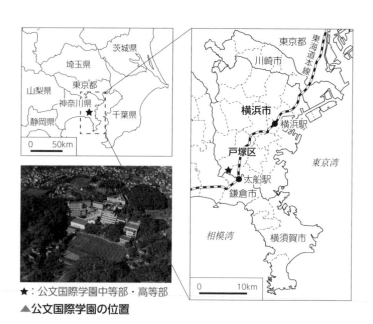

★：公文国際学園中等部・高等部

▲公文国際学園の位置

市戸塚区に開校した中高一貫の私立学校です。

　その公文国際学園をその地に創立した理由を順を追って考えるとこうなります。ここは例のフローチャートで考えてみましょう。

 学校を新たに建てる←生徒募集が必要

↓

 マーケット（人口）の大きい所←首都圏や近畿圏など

↓

3 国際学園という名にふさわしい立地
　　↑国際都市横浜 or 神戸の近く

↓

4 交通至便は必須
　　↑最寄りは大船駅（ＪＲ東海道線、横須賀線、根岸線が
　　　接続）

↓

 まとまった土地が必要
　　↑たまたま現在地に購入可能な適当な土地があった

　どのような人工物でも、そこに建っているのには理由があるはずです。とくに経済活動にかかわる場合は、当然、合理的理由に基づく判断がなされているでしょう。だとするならば、その理由を推測するのは、その合理的理由を建築主が考えたようにトレースしていけば、結論にたどり着けるはずです。もちろん実際の人工建築物すべてがその通りとは限りません。先ほど

の車の行き先の例のように、仮に経済性も顧みずに人間が主観で気ままに建てた場合は、いくら思考を巡らせても解答にはたどりつけないでしょう。しかし、人工建築物を建てるのは洋服を買うのとはわけが違います。金額が大きいですから、気ままに家を建てる人などそうそういるとは思えません。ですから、合理的決断で建てたのであれば、その建物の目的に沿って考えれば、理由を推測するのはそれほど難しいことではありません。

　ぜひみなさんも、電車に乗っていて何か不思議な建造物や違和感のある建造物を見つけたら、なぜそれがそこにあるのか考えてみましょう。それが思考力を高める一助となり得るかもしれません。

⑤コミュニケーションによる思考──ナイルパーチ

　コミュニケーションは思考力を高めます。言い換えると、コミュニケーションは思考を促すためのきっかになったり、ヒントになったりします。例えば、ある地域に疑問をもってそれを解決するために出かけたところ、たまたま土地の人と知り合って、貴重な情報を入手できたという経験は何度もあります。また土地の人との話の中から新たな疑問が生じて、そこからまた思考が始まることも頻繁にあるので、いくつかの例をご紹介しましょう。

　地理教員仲間３名で何かの打ち合わせの帰りに洋食系の居酒屋で呑んでいた時のことです。その店のメニューにフィッシュ＆チップスがあったのでオーダーしました。ご存じの通り、フィッシュ＆チップスはイギリスの名物料理で白身魚のフライとフライドポテトが一皿にのっているものです。ビールなどのつまみには最高ですね。さて、見た目には特段珍しくもない、出てきた料理を前に３名の思考が始まります。「この白身魚の種類は何だ？」。普段は何気なく食べている白身魚のフライですが、地理教員が３名集まると途端にそのような議論に発展します。

　フィッシュ＆チップスのフィッシュは白身魚のフライとよく説明され、とくに魚の種類は特定されていないようですが、本場イギリスではタラがよく用いられるようです。これも地理教員には常識的で、イギリスでは元々タラの漁獲高が高いからです。ただし、近年では漁獲制限の影響で漁獲量は減少しており、

フィッシュ＆チップスに代替魚が使われる場合もあるようです。

　では、ここ日本では、白身魚は何が使われているのでしょうか？　専門家ではないので知っている魚の種類は少ないですが、いろいろと思考して候補を挙げてみます。イギリスと同じタラか、はたまた名も知れない深海魚か、などと議論は盛り上がりますが、答えは分かりません。おそらく家族と一緒に食事をしているときに、そのような疑問を唱えてもまったく相手にされないで、「おいしいんだから、それでいいじゃん」で済まされそうですが、ここでの３人はみな真剣です。さて、この疑問を解決するためにはどうしたらよいでしょうか？

　世の中の普遍的な出来事なら、調べれば何とか解答にたどりつけそうですが、今回の疑問はこのお店の目の前の白身魚のことです。だとすると…そうです、直接聞くしかありません。我々は躊躇せずに店員さんに白身魚の種類を伺いました。すると、もちろん店員さんはその場では答えず、「ちょっと聞いてきますね」といって厨房の方に向かっていきました。寿司屋の板前でもない限り、確かにそこですぐに「その魚は○○です」と答えられるとは、我々も期待していなかったので、店員さんが戻ってくるのを待ちました。

　しばらくして、待望の店員さんが戻ってきました。そして伝えられた魚の名前はなんと「ナイルパーチ」でした。「ナイルパーチ⁉」。ほぼ３名で同時に叫んでいました。初耳ではなく、アフリカ地域の内水面で獲られる淡水魚であるくらいの知識はありました。ただ恥ずかしながら地理教員として、それ以上そ

の魚について詳しいわけでもありません。それにしても地理的には非常に興味の持てる解答が返ってきました。日本の近海で獲れるような大衆魚ではなく、遠い異国から貿易という手続きを経てやってきて、我々の食卓に上るというプロセスを想像するだけで、もう多分に地理的でワクワクします。「ナイルパーチ⁉」という叫びは、一瞬にしてそのワクワクを表現するものでした。そして、その場は酒場なので、当然その先の情報については宿題になりました。

　後日、ナイルパーチについて調べました。アフリカ最大の湖であるビクトリア湖などで放流されましたが、さまざまな社会問題を引き起こしたようです。進化のスピードが早い魚種が棲息し「ダーウィンの箱庭」ともいわれたビクトリア湖でしたが、ナイルパーチが大型で肉食系の外来種だったので、その生態系が壊され、さらにナイルパーチ自体も乱獲と汚染水の流入で漁獲が激減しているようです。対策としてとられた漁獲制限にもかかわらず、周辺住民で密漁している者も後を絶たないそうです。地理的な好奇心でワクワクした私たちでしたが、普段口にしている白身魚の産地では、実は深刻な生態系の問題や環境問題、貧困問題が潜んでいたと知ると複雑な心境です。酒場の白身魚のフライからまた1つ学びが広がった好例でした。

地理教師あるある
──カーナビのデメリット？

　地理教師はカーナビゲーションシステム（カーナビ）に頼らない場合が多いようです。私の場合は地理教師がカーナビなんぞ使ってたまるかと、もはや醜い意地の塊になっているだけですが、それを「矜持」と言ったらきれい過ぎるので、せいぜい「プライド」みたいなものといってもいいかもしれません。もちろんカーナビが便利なのは理解していますが、実は多くの人が気づいていないデメリットがあるから使いたくないのです。

　カーナビのデメリットとは一体何でしょうか。目的地を設定するだけで地図には方向を示す矢印が現れ、音声でやさしく道案内までしてくれる。そんな便利この上ないカーナビのどこがマズいのでしょうか。実はカーナビを使って目的地に向かうと、私の場合は経路途中の地理的情報がほとんど頭に入らないのです。なぜなら矢印の方向に車を走らせているだけで、本来の地図情報をもとにした、「次は右折して北へ向かう」とか、「その次の交差点では左折して西の方角へ」といった思考判断を伴っていないからです。要するに、言われた通りに動いているだけ。語弊を恐れずに言えば、ただ命令に従っているロボットのようです。自分が退屈な授業で先生の話を「うんうん」と頷きながら聞いただけで獲得した知識と、授業で自ら調べたりしながら獲得した知識では、どちらがより効果的な学びであるかは論を待たないでしょう。

とくに地理的思考によくないと思われるのは常に進行方向が上になる機能ではないでしょうか。これは電子的に平面の地図を上下左右に転回させて、進行方向が常に上になるように置き換えているわけですから、自分が今、西に向かっているのか、南に向かっているのかなどはまったく関係なくなってしまい、方角感覚が消滅してしまいます。極端な話、出発点から見て目的地がどの方角にあるのかさえ理解できないまま到着してしまうこともありえます。

　私の車にはカーナビが付いていないのですが、旅行先でレンタカーを借りた時などに使用したことはあります。旅先で知らない道を走ると、必ず到着後に地図を開いて自分の通った道を確認し、この交差点を左折した方が早かったかもしれないなどと一人反省会を開くのですが、カーナビを使うと経路が頭に残っていないため、それが不可能になります。確かに便利で道に迷わずに目的地に到着できましたが、自分がどういう経路を通ってきたのか再現できないのです。

　もっとも地理教師以外の人には途中の経路が頭に残らなくとも、何も不都合はないかもしれません。カーナビを使わずに道に迷う方がよっぽど不都合です。途中経路や周辺の地理的情報もほしいといった地理教師特有のわがままから発した単なるこだわりの話ですが、少しでも思考力を高めたいのならカーナビを使わずに紙やスマホの地図に頼る、もしくはせめてカーナビの進行方向を上にする機能を使わずに、地図と自分の現在位置を示すだけにするという方法も1つの手かもしれません。

3. 地理と思考力

①地の理をあらわす地理

　今年度（2022年度）、地理教育界では一大事件が起こっています。高等学校新課程における「地理総合」の必修化です。今までは高校での地理歴史科は世界史が必修で、地理は日本史との選択でしたから、地理を学ばずに高校を卒業した生徒も多数存在しました。しかし、それが今年度（2022年度）の新高校１年生から皆無になります。多くの地理教育関係者が声高に地理教育の重要性を長い間叫んだ結果、ようやくすべての生徒が地理を学べるようになったのです。これはまさに千載一遇のチャンスで、今こそ地理の魅力を存分に伝えていかなければ、かつての物産地理（どこで何がとれるといったことを主に学ぶだけの授業）と揶揄されたころと同じように、地理嫌いの生徒を作ってしまいます。それは大げさにいえば、日本の国家的損失につながるかもしれません。

　「地理」とは読んで字のごとく地の理（ことわり）をあらわす学問です。なぜその地域がそのような状態であるのかを学術的に解き明かしていく、その過程が地理なのです。それすなわち、世の中の経済活動のみならず、その土地その土地に特有な人文科学的事象や、災害を引き起こすかもしれない自然科学的事象までもがその学問的範疇です。ですから、グローバル時代にはまさに必須の学問といえるのです。例えばインドでスズキの自動車が圧倒的なシェアを持っている（日本におけるトヨタ車の

シェアは 3 割ほどだが、インドのスズキ車のシェアは約 5 割）のは、徹底的に現地事情を調べ上げ、そのニーズに即した製品作りをしたことも理由の 1 つだといわれています。マーケティングといってしまえば、経営戦略の 1 つかもしれませんが、現地事情の調査はまさに地理の領分でしょう。

②模擬国連と地理的思考力
——多角的な見方を思考する

　私が熱心に取り組んでいる教育プログラムに模擬国連（もぎこくれん）というものがあります。授業で取り入れたり、他校も交えた全国規模の大会を催したりしています。模擬国連とは各国大使に扮（ふん）した生徒たちが、地球的課題を題材として、議論しながらその解決策を探るというものです。それぞれの大使役の生徒（大使生徒といいます）は自分の担当国の国情を調べながら、その課題に対してどのようなスタンスで会議に対峙（たいじ）するのかを考え行動します。仮に核についての課題を論じるときに、核兵器を所持している国の大使になれば、いかに自分の心情が核兵器に反対であっても、核を持つ国としての振る舞いや言動が必要となります。世の中を良くしようとすれば、日本社会で一般的に是とされている言説を推進すればいいだけですが、地球上には全く違う考え方をする人たちも多く存在します。とくに高校生など比較的若い世代は、国内世論の動向と似た考え方を持ちがちですが、会議ではそれが通用しない世界を体験することになります。核保有国と非保有国との対立、地球温暖化対策に積極的な国とそうでない国との乖離（かいり）、大使生徒はそのような一筋縄では

いかない課題について解決策を探らなければなりません。そこがこのプログラムの大いなる肝で、模擬国連が単なる理想論で終わらず、現実世界を映し出すことができる稀有なプログラムであるといわれる所以です。会議の成功を目指すのであれば、世界にはさまざまな視点や考え方があって、それを受け入れる想像力と創造力が必要となります。他国のスタンスを理解しなければまとまるものもまとまりません。

　同時に模擬国連では、自分の担当国についての詳細な知識がなければ、大使として交渉に臨めません。それ相当のリサーチが必要となるのですが、そこが地理の授業と親和性が高い部分にもなります。地理には「地誌」という国・地域ごとに地形や産業の成り立ちなどを学習する分野がありますが、それこそ大使生徒の自国のリサーチは「地誌」の学びなくしては成り立ちません。もちろん、自分の担当国だけリサーチして満足しているだけでは、十分な会議行動をとることはできないでしょう。地域の周囲の国や設定された議題について、スタンスが異なる国の実情もリサーチしておく必要があります。模擬国連を経験することによって、多くの国や地域の「地誌」を自ら学ぶ機会を得ることになります。

　模擬国連に参加するに当たって、以上のようなプロセスを経ることによって、議題となる地球的課題についての知識一般が身につくだけでなく、普段から時事問題などへの関心の醸成が図られる。さらには、リサーチ力や情報収集能力の鍛錬になるのはもちろんのこと、ロビー活動による交渉術や会議における戦略力などを磨くことができる。このように生徒のあらゆる能

力を向上させる一助となる模擬
国連活動は、指導している先生
方からは「教育のフルコース」
とか「究極のアクティブラーニ
ング」だという声も聞かれるほ
どです。

▲『高校生の模擬国連』

　2022年のロシアのウクライナ
侵攻に関しても、ウクライナの
ゼレンスキー大統領が国連の安
全保障理事会の在り方に疑問を
呈するなど、国連の機能不全が

叫ばれて久しいですが、こと教育プログラムとしての模擬国連
は、以上のようにさまざまな効用をもたらす優れたプログラム
であると信じています。模擬国連については私が代表を務める
全国中高教育模擬国連研究会の教員有志で執筆し、本書と同じ
山川出版社より発売されている『高校生の模擬国連——世界平
和につながる教育プログラム』(2019年)に詳しいので、ぜひ併
せてご一読ください。

地理教師あるある
——なんで北が上じゃないんだ!

　地図は北が上。これは日本国内であれば常識的です。ところが、地理教師の土地を見る目というのは地図を頭の中に描いて思考が進んでいくため、その常識が通用しなくなると、頭の中が混乱します。なぜ混乱するのかというと、おそらく地理を専門としている職業の方は、世界地図はともかく、少なくとも日本国内に関しては、ほぼ日本中の地図が頭の中に入っており、それらすべてが当然のように北が上になっているからです。

　それでは北が上ではない地図というのは具体的にはどのようなものでしょうか。旅行ガイドブックやグルメ雑誌の店舗の位置を紹介するための地図などは北が上でない場合が頻繁に見られます。地図は北が上でないと気が済まない地理教師は、このような地図と対峙した場合どうするかというと、本や雑誌を持ち替えてグルっと回して北が上になるようにするのです。そうすることによって自分の頭の中の地図と実際に今目にしている地図を照合し、位置関係などを判断しています。

　ところが駅前や街中に掲示してある地図を回すわけにはいきません。観光で知らない土地に向かうときなどは、必ず観光案内所を訪れて地域の無料案内図をもらったり、駅前の案内用の地図を見たりすることにしていますが、これらの地図、北が上でない場合も多いようです。なぜかというと、その方が地理関係以外の人には分かりやすいからだと思われます。これは先の

▲**ほぼ南北が逆の地図**（神奈川県の伊勢原駅前、主著者撮影）

カーナビの項目でも記しましたが、平面の地図を見る場合に自分の現在位置が一番下にあり、目指す方向が上にある方が、これから向かう先が自分にとって右の方角なのか左の方角なのかという方向感覚がつかみやすいからだと思われます。地理関係に従事している人とそうでない人の人口が、どちらが多いかは調べなくても分かります。ですから、広く公共に資する駅前の観光案内図が北が上になっていない場合があってもそれは至極当然と言えますね。

　どんな地図であれ、本当は北を上にして欲しいのですが、最大多数の最大幸福を考えれば、ひとかけらの地理教師のわがままは許されません。さて、駅前で北が上でない観光案内図を前にして私がどうするかというと、「なんで北が上じゃないんだ！」と言いながら、頭と身体を傾けて無理やり北を上にした形で地図を見ることにしています。駅前でブツブツ言いながら変な姿勢で地図を見ている怪しい人がいたら、それは私か地理関係者と言えるかもしれません。

おわりに

命を守る地理教育（知識のワクチン）

　新しく必修となった「地理総合」の学習指導要領では、学ぶ
べき3つの大項目のうち、3番目に「持続可能な地域づくりと
私たち」が示されており、さらに中項目として「自然環境と防
災」を扱うことになっています。GIS（Geographic Information
System：地理情報システム）の使用はもちろんのこと、それを
駆使しての防災教育が以前にも増して重要な柱となりました。
地理を学ぶことによって、日本の豊かな自然環境に気づく一方
で、さまざまな自然災害のリスクがあることを知り、そうして
身につけた地理的知識と技能をもって、自然災害への備えや対
応などを考察することを促すのが、新学習指導要領の目的の1
つといえるでしょう。

　「知識のワクチン」という言葉があります。本来のワクチンは
感染症などの病気に対処し、それを予防するためのものですが、
現代ではコンピューターネットワーク上のウイルスに対処する
ためのプログラムもワクチンと呼ばれるように、さまざまな形
態の被害に対応したり、それを軽減したりするために存在する
手段を、ワクチンと称しているようです。だとするならば、地
理の知識はまさに防災上のワクチンといえるでしょう。その土
地の地形や歴史的変遷から、ある自然現象が起こるとどのよう
な被害が想定され、したがってそれに対応するためにはどのよ
うな行動をとる必要があるか。まさしくそれは命を守る行動で
あり、だからこそ、その知識をワクチンと称することができる

のです。思考力をもって「考える」地理教育を進めることが、少しでも知識としてのワクチン接種を進めることになります。そして、それがいざという時に効果を発揮し、あなたの命を守ることになるかもしれません。

　本書では東大地理の問題だけを取り上げましたが、負けず劣らず良問を作成している大学はほかにもたくさんあると思われます。ただ、私が長い間、毎年少数ではありますが、東大受験の生徒に対して指導を行ってきた関係で、圧倒的に東大の問題に触れる機会が多かったという事実があります。結果的に東大地理の出題傾向やその理念が理解できるようになってきたと、勝手に思い込んでいます。

　何にしても地理教員として東大地理の指導をしているときには、地理教育の神髄（しんずい）を感じることができます。それは何度も書いたように、東大地理の問題が地理的知識を元にした思考力を必要とし、私自身が問題を解く醍醐味（だいごみ）を感じてしまうほどだからです。さらには、その出題意図から世の高校地理教員への「高校地理教育こうあるべし」というある種の啓示（けいじ）を与えられているようでもあります。「覚える」地理ではなく「考える」地理を推進してきた私にとっては、そのような問題に鳥肌が立つほどの魅力を感じ、共感を覚えるまでになり、より多くの方々に思考力の重要性とともに東大地理の魅力を知ってほしいという思いから、本書ができあがりました。

　最後に、「地理」についてさしたる研究実績もないこの私が東

大地理を紹介するなど僭越《せんえつ》の極みですが、勤務校同僚の中村洋介先生、齋藤亮次先生、さらには梶原晃校長や、早稲田実業学校・初中高連携担当の竹林和彦先生にも多数のアドバイスをもらいながら一部を執筆、ご協力いただき本書を刊行することができました。また、問題解答については公文式教室の先生や、小学生のみなさんとその保護者の方々にもたくさんのご協力をいただきました。この場を借りて御礼を申し上げます。ありがとうございました。

　思考力に脚光を浴びせ、地理の学問としての重要性を再確認させてくれた東大地理の入試問題に改めて敬意を表し、また、本書が想像力や創造力とともに思考力強化のためのきっかけとなり、結果的に我々が現代社会を生き抜くための力と地球平和を希求する力の礎《いしずえ》になることを願って結びとしたいと思います。

2022年11月8日
主著者しるす

186

本書に掲載した過去問の解答例

※以下に示す解答例は主著者が考えた解答例であり、東京大学が公表した解答例ではありません。

2章

1　2017年度入試問題　▶ p.23

(1)アーオーストラリア　イーカナダ　ウーマレーシア　エークウェート

(2)降水地域から流れ出る外来河川であるナイル川が存在するため。

(3)途上国ゆえに雨季の降水量をほとんど利用できていなかったが、現在はナイル川上流でダムを建設し、活用しようとしている。

(4)食料自給率が低いと、穀物や家畜を多く輸入するが、その際にそれらを育てるための水も間接的に輸入しているという考え方。

2　2010年度入試問題①　▶ p.36

(1)乾季のあるザンベジ川のダムは灌漑が主目的であるが、亜寒帯のエニセイ川のダムは融雪洪水防止が主目的である。

(2)降水量が少ない中国地方の山地はなだらかで侵食量は少なく、降水量が多い中部や四国地方は急峻な山地で侵食量が多いため。

(3)洪水防止などのダム本来の治水機能が損なわれ、結果的に下流への水資源の安定供給も難しくなり、他にも土砂供給が減少するため河口部分の海岸における砂浜の減少などが考えられる。

(4)C。森林の表層に降った雨が土中に浸み込み、結果的に長い年月にわたって雨水を貯めこんで少しずつ流出することによって、治水機能をもつダムのような役割を果たしているということ。

3　2010年度入試問題②　▶ p.49

(5)積雪や氷河はダムのように水分を保持しており、それが暖かい季節に解けだして流出することによって、渇水が起こる地域に水を供給できることとなり生活や農業用の水として役立つ。

187

4　1999年度入試問題　　　　　　　　　　　　▶ p.57

A(1)イー関東　　ロー関東大震災

B(1)高潮は台風などの接近による気圧の低下と強風による海水面の上昇で起こり、津波は海中の地震などによって起こる高波である。

(2)河川の河口近くの沖積低地や地盤沈下によって低地化した海に面した場所などと、また湾奥など強風の影響を受けやすい場所。

5　2012年度入試問題①　　　　　　　　　　　▶ p.68

A(1)a－赤道　　b－北回帰線　　c－北極圏（北極線）

(2)bは太陽の回帰により南中高度が90度となる日が存在する地域の北限線で、cは北半球で白夜と極夜がおこる南限の線である。

(3)北極星の位置などを確認する天文観測によって緯度は容易に計測できたが、当時の時計では正確な時刻を測ることが難しかったので南中時間の把握が必須な経度の観測は困難だった。

(4)ヨーロッパから遠い南米や南極などの地域は未踏の地であったり、情報が少なかったりしたため、形・面積とも正確に描けていない。

6　2012年度入試問題②　　　　　　　　　　　▶ p.80

(1)A地区では地下水の過度の汲み上げによって地盤沈下がおこりゼロメートル地帯が広がっている。また氾濫防止のため河川改修が行われ直線化されたり、堤防が設置されたりしたことがみられる。

(2)都市化による河川の汚濁や交通渋滞などからの生活環境の改善を図るため、道路が拡幅されたり遊歩道化されたりした。

(3)大都市沿岸部の平らな広い土地は、周辺人口も多いことから必要とされる清掃工場や空港などの立地が考えられる。

7　2010年度入試問題③　　　　　　　　　　　▶ p.90

(1)ウーフィリピン　　エーインド

(2)ウは総数が少なく親族訪問の割合が高いので出稼ぎ労働者が多いと考えられ、エはIT産業の商用の割合が高いと考えられる。

(3)買い物店舗やテーマパークなど商業集積がある東京や大阪、アの居住者にとっては珍しい降雪がある北海道の人気が高い。

(4)イから日本への入国は所得制限などもあり多くないが、所得が高い日本からイへは割安感からの観光や進出企業による商用が多い。

8 2018年度入試問題 ▶ p.102

(1)化石燃料の大量消費と森林伐採の拡大により、濃度が増加した。

(2)人口の多い北半球では低日季に暖房による排出が増え、植物の光合成による吸収量も低下するが、高日季では逆に増えるから。

(3)Aは化石エネルギーを制限せずに使い続けて二酸化炭素濃度が上昇し気温も上昇する。Dは二酸化炭素の固定などの対策を施し、二酸化炭素濃度と気温の上昇をできる限り抑制している。

9 2016年度入試問題 ▶ p.111

(1)A－パーム油　　B－大豆油　　C－菜種油

(2)(a)－マレーシア　(b)－中国　(c)－アルゼンチン　(d)－ウクライナ

(3)新興国が経済成長で豊かになり食生活が変化して需要が増えたのと、環境意識の高まりからバイオ燃料の需要も増えたから。

(4)光合成による二酸化炭素吸収量が減少し温暖化の原因となることに加え、栽培のため熱帯林を伐採するので生物多様性が失われる。

10 1997年度入試問題 ▶ p.122

Aイ。鉄道が整備されると都心への時間距離が短縮され、住環境がよく地価が安い郊外への転居が進むと考えられるから。

B市街地やその郊外が無秩序に開発され住宅や工場、農地などが混在すると公共投資が進みにくくなり、結果的に道路や公園などの社会資本整備が滞り住民の利便性が損なわれることなるから。

C(1)職住分離により都心への通勤が多く、鉄道は混雑する。また昼間人口が少ないため住民同士の関係性も希薄になりがちである。

C(2)最初に入居した若年層の子どもの卒業後も居住を続けるので人

口は変化ないが、少子化により児童数はその後も増加しないから。

3章

❶2003年度の第3問・設問B・(2)　▶ p.136
(2)労働集約型製品のカラーテレビは国内賃金や円高による生産コストの削減で、安価な労働力を求めてASEANや台湾での海外生産に移行したので国内生産が減少し、その製品の逆輸入が増えたから。

❷2006年度の第3問・設問A・(2)　▶ p.136
(2)労働集約型製品であるパソコンは安価な労働力を求めて台湾などでの海外生産に移行し、国内では研究開発などが中心となったから。

❸2014年度の第2問・設問A・(2)　▶ p.137
(2)インドではIT技術者や英語話者が多く、アメリカとの時差を利用したコールセンター業務やソフトウェア開発が行われているため。

❹2021年度の第2問・設問A・(2)　▶ p.139
(2)インターネットの中では英語が世界共通語となり重要度が増した。

❺2018年度センター試験　第5問・問4　▶ p.141
②

❻2019年度センター試験　第1問・問5　▶ p.143
④

❼2021年度の第1問・設問A・(1)　▶ p.145
(1)海氷が融解し北極海航路が形成されたり資源開発も進むが、永久凍土の融解で地盤が軟弱化しインフラが被害を受けたり、海氷分布域の縮小で動植物の生息域の変化から生態系も影響を受ける。

主要参考文献・URL

●内閣府webページ「災害教訓の継承に関する専門調査会報告書
平成20年3月　1959 伊勢湾台風」
https://www.bousai.go.jp/kyoiku/kyokun/kyoukunnokeishou/
rep/1959_isewan_typhoon/index.html（2023年2月22日最終閲覧）

●山中速人『世界史リブレット64　ヨーロッパから見た太平洋』
（山川出版社、2004年）

●UR都市機構webページ「団地設計の潮流」
https://www.ur-net.go.jp/rd_portal/urbandesign/history/
history_top.html（2023年2月22日最終閲覧）

●大阪大学外国語学部スウェーデン語専攻webページ
「平成30年度大学入試センター試験　地理歴史（地理B）第5問問4への
見解（2018/01/15）」
https://www.sfs.osaka-u.ac.jp/user/swedish/news2018.html
（2023年2月22日最終閲覧）

●バスマガジンwebページ「バスに必須の尿素水が足りない!?　尿素SCR
システムとは」
https://busmagazine.bestcarweb.jp/news/159940（2023年2月
22日最終閲覧）

●長崎大学大学院工学研究科国際連携推進センターwebページ「ビクトリ
ア湖における包括的な生態系及び水環境研究開発プロジェクト」
https://www.eng.nagasaki-u.ac.jp/cpieer/activity_5_3.html
（2023年2月22日最終閲覧）

〈執筆者紹介〉

主著者　**米山　宏** よねやま ひろし（公文国際学園中等部・高等部 地理科教諭）

執筆協力　**中村 洋介** なかむら ようすけ（同上）　※コラム２・５執筆

　　　　　　齋藤 亮次 さいとう りょうじ（同上）　※コラム１・６執筆

▶公文国際学園中等部・高等部 チーム地理

　公文国際学園中等部・高等部に勤務する上記の全３名の地理科教員で構成する。主著者は全国中高教育模擬国連研究会を主宰し、執筆協力の２名も教科書執筆などを手掛け、さらに全員が神奈川県の高等学校教科研究会社会科部会地理分科会の海外研修委員会に属するなど、さまざまな教育の分野で活動している。授業では３名全員が協力のうえ、「考える地理・楽しい地理」を目指して、インタラクティブに外部との連携や協同学習、ロールプレイング、シミュレーションなどの手法を実践しながら，新しい授業を模索し合っている。また「百聞は一見に如かず」の精神に基づき、フィールドを重視した授業を展開し、３名が協力した形で毎年多数の巡検（フィールドワーク）を実施している。

表紙・本文デザイン　株式会社 ウエイド（土屋裕子）
イラスト　　　　　　株式会社 ウエイド（森崎達也）

小学生が解いた！　東大地理
これぞ思考力問題

2023年３月29日　第１版１刷印刷
2023年４月19日　第１版１刷発行

編　者　公文国際学園中等部・高等部 チーム地理
発行者　野澤武史
発行所　株式会社　山川出版社
　　　　〒101-0047　東京都千代田区内神田1-13-13
　　　　電話 03-3293-8131（営業）　03-3293-8135（編集）
　　　　https://www.yamakawa.co.jp/　　振替口座　00120-9-43993
印刷所　株式会社 太平印刷社
製本所　株式会社 ブロケード

©2023 Printed in Japan　　ISBN978-4-634-59203-2